東大教授も惚れる!

日本史アッパレな女たち

監修 本郷和人
画 まんきつ

東大教授も惚れる！

日本史 アッパレな女たち

監修　本郷和人
画　まんきつ

集英社

はじめに

僕が教えた学生のAさん〈女性〉は成績は優秀なんですが、日本史に積極的な興味を持てない、と嘆きます。なぜ？　と尋ねると、彼女の答えはこうでした。

「先生が授業で展開される『科学的な、学問としての日本史』が有意義であるのは理解します。でも好きにはなれないんです。一つには、そこに『興味深いストーリー』すなわち『物語』がないから。もう一つ、『女性がほとんど登場しない』ので、感情移入できず、自発的な学習ができない。それが理由なのかな」。

うーん、なるほど。

要するに、学校の日本史って、お堅くて血が通ってる感じがしないし、人間、とくに女性が描かれてないのでつまらないってことですね。

じゃあ、教科書を書きかえる？　これは相当に手間と時間がかかります。簡単にはできない。微力な僕では、Ａさんの助けにはなれない？　そうだ、副読本を作ろう。女性が生き生きと活躍する本を作成し、読んでもらったら、彼女は日本史に興味を持ってくれるんじゃないかな。

そんなつもりで本書はできあがりました。何はともあれ、「面白い」はずです。歴史の一側面を活写できたと自負しています。

どうぞ、楽しんでみてください。

東京大学史料編纂所教授
本郷和人

目次

ブキッ
えいっ

激マブじゃん
ドキ

わりい
やっぱオレ
金ねえや

野心満々　虎視眈々

第二場　野望に燃え、策略にはめ

ニッポンの女帝対決

組織をつくり、盤石にした女傑

疑惑の女対決

昔はDNA鑑定なんてありませんでしたから

黒幕対決

背後から操って歴史を動かす

なりあがり女対決

マウンティング合戦を制し、頂点を目指せ！

才気煥発　千両役者

才に優れ、才に溺れ

第三場　97

ポヤヤヤ〜…

ベストセラー作家対決

紫式部 VS 樋口一葉

98

王朝から明治へ。女流作家のビッグな系譜

ケッコンノ
ハナシスンナ
パードゥーン？
Oh…
ワタシニ

106

女子大対決

新島八重 VS 津田梅子

女子教育の夜明けに大きく貢献した才女

ガンバレ
ガンバレ

伊藤博文の女対決

川上貞奴 VS 戸田極子

114

才気溢れる明治の女は初代総理を手玉に取る

ヒュー

122

華麗なる舞台対決

出雲阿国 VS 松井須磨子

もはやタレント？歴史が生んだスター

愛執染着　無我夢中

私の彼は王子さま。二人のプリンスに愛されました

文春砲間違いなし、恋と権力の大ゴシップ

恋は異なもの、死ぬまで現役

オンリーワンかと思ったらライバルどっさり

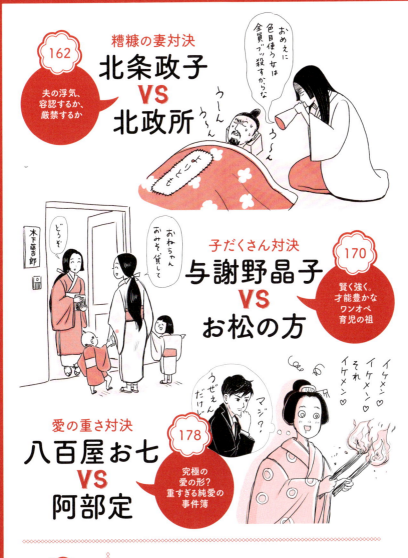

おめえに色目使う女は全員ブッ殺すからな
う〜ん
う〜ん
う〜ん
よりとも

木下藤吉郎
どうぞ
おねちゃん おみそ貸して

イケメン♡
イケメン♡
それ
イケメン♡
うぜえんだけど
マジ？！

第一場

美女ゆえに愛され、美貌ゆえに堕ち

容姿端麗

才色兼備

戦国一の名花と鹿鳴館の華、不動のセンターは？

其の壱

お市

秀吉も恋い焦がれた織田家のお姫さま

絶世の美女 対決

陸奥亮子

明治社交界のスーパーセレブ

お市《いち》は織田信長《おだのぶなが》の妹で**「戦国時代ナンバー1美女」**の誉れが高い人です。

だから、あるときは、極めて強烈な、信長を女性にしたようなすごい人物として描かれることもあれば、薄幸の美女として描かれることもあり、なかなかどんな人だったのかよくわからないというのがあるわけです。

織田家はもともと子だくさんの家系で、信長にも多くの姉妹がいました。大名は、自分の姉妹や娘の幸せを一番に考えたときには、ほかの大名に嫁に出すということはあまりしないんです。嫁ぎ先が大名であれば、いずれは敵対するかもしれない。となると、嫁に行った女性が、実家と婚家の間で心を引き裂かれることになります。それを避けて本人のおだやかな幸福を望むのであれば、家臣の家に嫁にやる。たとえば、豊臣秀頼《とよとみひでより》のもとに嫁に行った千姫《せんひめ》は、豊臣家の滅亡後、徳川《とくがわ》の家臣、本多忠刻《ほんだただとき》と再婚しています。「苦労した孫を、もう政争の道具にはしないよ」。そんな家康《いえやす》おじいさんの気持ちがあったんだと思います。

しかし信長は、お市を浅井《あさい》長政《ながまさ》のもとに嫁がせた。浅井は現代の米原《まいばら》、彦根を押さえていて、尾張や岐阜に根拠地を持つ信長が京都に出ようとすると、どうしても彼の勢力圏を通る必要がある。「じゃ、浅井を味方にしよう」ということで、美人の誉れ高いお市をお嫁さんに出し、縁を結んだ。それで織田家と浅井家が仲よくやっていければよかったのですが、しかし浅井長政は織田信長の敵に回り、お市は**「夫の浅井家をとるか、実家の織田家をとるか」**という選択を突きつけられることになる。

たとえば、鎌倉時代の北条政子《ほうじょうまさこ》の場合は夫・源頼朝《みなもとのよりとも》の源氏よりも、実家の北条をとった。同じ選択をした女性としては、息子の暗殺に失敗し、実家の最上《もがみ》家に戻った伊達政宗《だてまさむね》の母がいます。しかし当時、嫁に行った家を優先する女性も増えていました。

お市も夫をとったらしく「浅井の情報を積極的に信長に知らせた」というような話はあまりない。しかし夫・長政は力尽き、信長に滅ぼされ、お市は後の淀殿《よどどの》になる長女の茶々《ちゃちゃ》、次女のお初《はつ》、徳川秀忠《ひでただ》と結婚する末っ子のお江《ごう》、三人の娘を連れて、織田家に帰ることになります。

やがて信長も本能寺《ほんのうじ》で殺される。その後、彼女は織田家の一番の家老である柴田勝家《しばたかついえ》と再婚します。実はこのとき、お市にずっと憧れていた豊臣秀吉《ひでよし》が嫁にしたいと思っていたんですね。一方、お市は浅井家を滅ぼすときに頑張った秀吉のことを**「私の浅井家を潰した、このにっくき猿め」**と、大嫌いだった。だから、秀吉のライバルである柴田勝家と結婚したという伝説があります。この話は昔から伝わっているのですが、秀吉がお市に首ったけだったという史料も、また、お市は秀吉のことが大嫌いだったという史料も、実はないんですよ。ただ、北政所《きたのまんどころ》の項でもお話ししますが、ともかく、秀吉という人はお姫さまが大好きなんですね。自分の出自にコンプレックスを持っていますから、お姫さまが大好き。さらに言えば、織田家のお姫さまは特別なわけです。あの信長さま、織田家のお嬢さまを、というのがたまらないわけですから、そうなると、お市が大好きというのはあり得たんじゃないかなという気が、僕はします。

そのお市さんが、天下人にいちばん近いところにいた秀吉でなく、柴田勝家のところに嫁に行ったということになると、お市さんは**やっぱり秀吉が**

大嫌いだったというのも十分あり得るという気はするわけです。そういうふうに考えたほうが歴史は面白いかな。秀吉はどう見ても女性に好かれるようなタイプじゃありませんしね。

しかし再婚相手の柴田勝家もまた秀吉との決戦に敗れ、今の福井市の北ノ庄《きたのしょう》城で自害する。そのとき勝家はお市の三人の娘たちを秀吉のもとに送り届け、お市にも「一緒に死ぬことはない」と言ったのですが、お市は「あなたと一緒に死にます」と、勝家と運命をともにする。まだ三十代半ばでしたが、たとえ死ぬことであっても、それは自分で選択した運命です。**彼女は自分の意志で夫とともに果てる道を選んだ。**

僕は、勝家という男は戦いには負けたけれども、この点は男冥利に尽きるな、幸せだったな、と思います。またお市にとって、それだけ彼は魅力的な男だったのでしょう。勝家は織田家の若い連中に大変に慕われていた。また、部下だった前田利家《まえだとしいえ》が賤ヶ岳《しずがたけ》の戦いのとき、ぎりぎりの段階で秀吉に寝返るのですが、勝家はなんと、とっていた人質をそのまま利家に返しています。それで、秀吉のところで頑張れ、と。勝家という男は、すごく男気のあるいい奴だった。そんな男に嫁いだお市さんは、きっと幸せだったんじゃないかな。

だから、この男と一緒に死にたいなと思った。もう政治の手駒になるのはたくさんだ、政略結婚の犠牲になるのはたくさんだという、受け身な理由だけではなく、自分で自分の道を選んだ。死を選ぶのもやっぱりひとつの選択ですからね。娘たちには未来があるから一緒には連れていかないけれど、私はここで幕を引くという感じだったんじゃないですかね。秀吉の側室にでもなろうものなら大変だっただろうしな。

そして**陸奥亮子《むつりょうこ》**。明治の元勲のひとり、外務大臣を務めた陸奥宗光《むねみつ》の奥さんです。この人は、戸田極子《とだきわこ》と並んで**「鹿鳴館《ろくめいかん》の華」と称された人**でした。もし「ロクメイカンフラワーズ」というグループが結成されていたら、ヲタはキワコ派とリョウコ派に分かれ、どっちが上か熾烈な争いを繰り広げていたことでしょう。

彼女は、もともと旗本のお嬢さん。しかし家が零落し、芸者に出て**「新橋の名花」**と言われるようになっていた。陸奥宗光はその頃のお客だったのですが、先妻を亡くした後、彼女を妻に迎えます。この時期、ともかくあるんですよ。政府の偉い人、明治の元勲たちは、芸者さんだとか遊女だとか、そういう人とくっつくケースが多い。で、僕はそこは男の気持ちを認めてあげたいと思うんだけれども、愛人じゃなくちゃんと正妻にするんです。伊藤博文《いとうひろぶみ》も、山県有朋《やまがたありとも》も芸者さんと結婚している。木戸孝允《きどたかよし》の妻も京都一と言われた芸者ですし、薩摩出身、海軍の山本権兵衛《やまもとごんべえ》の奥さんは元遊女です。その点、変な処女性にこだわる江戸期と違って、**明治はおおらかでいいな**と思います。

陸奥宗光は、坂本龍馬《さかもとりょうま》の海援隊《かいえんたい》に参加して、龍馬にも「侍をやめて食っていけるのは俺とあいつだけだ」と認められていた。彼も龍馬を慕って、龍馬が暗殺されたときには、仇と見た相手に切り込んで「天満屋《てんまや》事件」を起こしている。外交で腕をふるった彼の後半生を考えると、もろ文系が刀を振り回して切り込んだというのが、なんか面白いですね。

しかし彼は西南《せいなん》戦争のあたりで反政府的な行動をとり、懲役五年を食らって、ブタ箱にぶち込まれてしまう。恩赦があって三年ほどで出てくるのですが、この間、亮子は**一生懸命、夫のいない家を守り、義理の父母に仕えた**。しかも先妻の間にできた二人の男の子の面倒も見て、大変な良妻ぶりを示しました。

陸奥宗光のほうも一生懸命、奥さんに手紙を書いてそれが残っているのですが、相思相愛だったんだろうなと思わせる内容です。**いい夫婦**なんですよ。

陸奥宗光は「カミソリ」とあだ名されるぐらい非常に優秀な男で、リーダーシップはな

いけど、外務大臣とかをやらせると抜群の才能を発揮する。当時の日本は、旧幕府時代に結んだ不平等条約を一生懸命改正しようとしていたのですが、その先頭に立ったのが彼。当時、いちばん最初に平等な条約を結んでくれたのは、実はメキシコなんです。そのメキシコとの修好通商条約を皮切りに、陸奥宗光は治外法権などが含まれない、本当に平等な条約を外国との間に次々に結んでいく。

その彼を支えたのが亮子さんだった。陸奥宗光は駐米公使としてワシントンに赴任するのですが、彼女のすごいところは、**ワシントンでも社交界の華**として有名になるんです。ただ美しいだけではなく、極めて深い知性を持っていて、気のきいたジョークのひとつも飛ばした。きっとそのような女性だったのでしょうね。それと、**当時の日本女性はすごく海外で評判がいいんですね**。やっぱり一つには単純にエキゾチックとか、そういう物珍しさもあったんでしょうけれども、それにしても亮子さんは海外でも大変に評判がよかったようです。

彼女は夫を本当によく支え、子どもも生んで、天寿を全うする。そういう意味でもいい人生なのですが、何といっても歴史上の美人、といえば、真っ先に名前が出てくる。彼女について、具体的なエピソードはあまり残っていないんですけれども、**とにかく美人、陸奥亮子といえば美人**、そんなに中身のない評価だけれども、ここまで美人美人と言われるなら、それでいいでしょう。

本郷教授の判定！

陸奥亮子		お市
鹿鳴館の華といわれる美貌 社交能力も極めて高い それでいて家庭も完璧に切り盛り	優	とにかく美しいと評判 自らの意志で、再婚した 柴田勝家と運命をともに
旗本出身だが家は維新で 没落し芸者に 夫の陸奥宗光は一時獄中に	劣	最初の嫁ぎ先は兄、再婚先は かつての兄の部下に滅ぼされる 娘たちは数奇な運命をたどる

陸奥亮子の勝ち！

お市は、自分の人生を自分で選択した。その意味では幸せだったと思います。しかしやはり最後は天寿を全うした陸奥亮子の勝ちということになるでしょうね。美人だったという証拠もはっきり残ってますしね。

「神さまの声」を聴いた女たち

其の弐

神秘に満ちた古代日本のシャーマン女王
卑弥呼

神がかり美女 対決

細川ガラシャ
伴天連《バテレン》に帰依した悲劇の女性

卑弥呼《ひみこ》は、倭《わ》の国の女王さま。彼女は**神の言葉を伝える人、いわゆるシャーマン**でした。ただし、当時の政治の実権を握るのは彼女の弟。これはつまり、精神的な権威として立つのは女性、政治的実権を握るのは男性という図式で、このコンビネーションは歴史的によくあるんです。

たとえば姉の北条政子

が尼将軍として侍たちの尊敬を集め、実権は弟の北条義時《よしとき》が握っていた北条氏のパターンなんか、モロにそう。また、沖縄の琉球王朝でも、現世の政治権力は男の王さまが握り、聞得大君《きこえのおおきみ》という、呪女《ノロ》を束ねる役職につくのは女性、というパターンが続いていました。
では天皇家はどうだったかというと、女性の皇族が伊勢神宮を祀る斎宮になる。もう一人、賀茂神社を祀る方もいます。この方たちが神様を祀るときは、男（配偶者）がいてはいけないことになっています。こちらでも、**政治は男、宗教は女という組み合わせ**がある。女性には、男が持つ権力を守る呪術的な力があるという考え方――柳田國男《やなぎたくにお》のいう「妹《いも》の力」ですね。では、この神と政治のコンビで、どっちが上かというと、後世になればなるほど、現実の力（政治）のほうが強くなってくるわけです。逆に、昔になればなるほど神さまを祀る力のほうが上になる。倭の国の女王が卑弥呼であり、弟が彼女を補佐する立場だったというのも、そういうことです。

もっとも卑弥呼のことは、中国側の記録でしかわからない。当時の中国は魏《ぎ》の時代で、『魏志倭人伝《ぎしわじんでん》』なんかに日本から使いが来たという記録が残っているのですが、中国はまわりの国なんか野蛮人としか思ってなかったですから「上から目線」が、ほんともうすごい。日本を指す「倭」も、チビとかいう感じの、あまりいい呼称じゃないですね。「邪馬台国《やまたいこく》」だって、野蛮感のある字をわざわざ当てています。

卑弥呼も、たぶん本当は「姫巫女《ひめみこ》」だったのでしょう。神さまを祀る人。神の嫁。古今東西、こういう人は共通して未婚です。で、神の嫁に選ばれるからにはとうぜん美人であるはずで、卑弥呼さんもさぞ美しかっただろうという想像が成り立ちます。

そして、こんなことを考えるのが我々の悪いところですが、神の声といっても、本当に神さまが「古墳をつくるのじゃ」とか、語りかけてくれるわけではないでしょう。そこは**「今このときはどういうお告げを出せば効果的だろうか」**という判断が入ってくるわけで、弟と相談して決めるにしても、少なくとも賢くないと務まらない。だから卑弥呼については、美人で、頭がよくて、というイメージが立ち上がってきます。

また、古墳時代の遺骨を調べるとわかるのですが、この時代の日本人は背が高い。日本人の背が低くなるのは、仏教が伝来して「肉を食べるのをやめましょう」と言い始めてからで、そこからどんどん小柄になる。江戸時代がいちばん低くて、明治維新で肉を食うようになって、また伸び始めるんです。だから仏教が来る前のほうが、背が高く、近代美人に近い雰囲気だったかもしれません。

彼女が亡くなった後は、弟が代わりになったりはせず、また台与《とよ》という女性が女王になっています。神の言葉を伝える女性がトップとして君臨するのは、すごく自然な形だったんですね。それを考えると「天照《あまてらす》大神《おおかみ》は持統《じとう》天皇がモデルだ」とよくいわれますが、卑弥呼さんのような神の言葉を伝える女性たちの存在が、**女性神である「天照大神」に凝縮されていく**のかもしれません。

対する**細川《ほそかわ》ガラシャ**は明智《あけち》光秀《みつひで》の娘。キリスト教に入信する前の名は珠《たま》。**彼女も美人なら、夫の細川忠興《ただおき》もイケメン**で、この二人は美男美女の幸

せな夫婦になれたはずなんです。しかし本能寺の変が、この夫婦の関係を変えてしまう。彼女はファザコンだったと思います。父親の光秀は文化的な教養もあり、なんでもできる人で、しかも穏やかな感じのイケメンだった。しかしそのパパが、主君・信長を殺してしまう。本能寺の変です。このとき光秀は、部下でもあり、友だちでもあり、また、その跡取り息子と自分の娘が結婚している細川幽斎《ゆうさい》だけは、「俺の味方になってくれるはず」と考えていたと思います。ところが幽斎は、彼につかなかった。この影響力はハンパなく、おそらく世間に「え？　じゃあ、やっぱり明智、まずいんじゃね？」という印象が一気に拡散されてしまったはず。珠にしてみると、**義父のせいでパパが滅んだと、さぞかし恨みに思った**ことでしょう。

しかも夫の忠興は、彼女を味土野《みどの》という京都の奥地に隔離して幽閉するんです。でも当時の状況を考えると**命を助けただけでも愛がある**。まして明智の娘を離婚もしなかったとなると、忠興にはよほどの愛情があったということです。しかも忠興は味土野まで通って、何とそこで彼女は妊娠して子どもを生んでいます。珠にすれば、どういう気持ちだったんだろう。隔離されて、身体だけは求められるわけで、心は冷えていったのではないでしょうか。彼女との関係がねじれていくと、妻を深く愛していた忠興もだんだん

おかしくなっていきます。

もともと**忠興はかなり強烈なモラハラ体質で、ストーカー的執着**がすごい。ただ彼は、名君なんですよ。名君で、ものすごく優秀なんです。しかしこんな風に外面がいいのは、モラハラ夫によくあるパターンですね。どこまで本当かわかりませんが、珠が料理を褒めただけで、その料理人の首を切ってしまった。その生首を珠に渡したところ、彼女は悲鳴も上げない。忠興が呆れて「おまえは情のこわい女だな」と言ったところ、**「鬼の妻は蛇でございます」**と答えたそうです。すごい夫婦ですね。別れたほうが幸せだったんじゃないかな。

そういう生活を送っていた珠は、自分の救いを家の外に求める。それが、忠興の親友・高山右近《たかやまうこん》が彼に伝えた、キリスト教でした。その教えに興味を持った彼女は、まず侍女を連絡役として派遣し、ついには宣教師と会う。当時の宣教師のレポートには「こんなに美しくて知性がある婦人を私は知らない」と書かれています。彼女はキリスト教にのめり込み、細川ガラシャとなります。

しかしキリスト教信者となったガラシャは、細川家に殉じることになります。この辺が忠興の危ないところなのですが、関ヶ原の戦いのときに**「俺の留守に何かあったら、妻を殺してみんな死ね」**と命令して、出陣していくんです。一方ガラシャにもプライドを守って死ぬという覚悟はあった。しかしキリスト教徒は自害できないので、宣教師に確かめ「イエス・キリストは許します」という答えを得る。最終的には石田三成《いしだみつなり》から兵が来たときに「女たちは逃げなさい」と助けて、自害します。細川の家のことは憎みながら、それでもストーカー夫の名誉、家の名誉のために殉じた。それだけのことを彼女がやったがために、細川家の領地は関ヶ原の後に、12万石から40万石になったのです。

本郷教授の判定!

細川ガラシャ		卑弥呼
万能の武将・明智光秀が父親 夫の忠興も文武に優れた武将 本人もまさに才色兼備	優	古代日本の精神的支柱 大陸に使者を 派遣するグローバルな視点
父が突如、謀反を起こし敗亡 夫は名君だが強烈モラハラ 本人も異常なほど気が強い	劣	中国側の記録でしか存在を 追うことができない 邪馬台国がどこにあったかは論争中

僕はガラシャさんが好きなんです。なぜかって? 美しく賢いだけでなく、女性として近代的な自我を持った人という感じがします。

美女が幸せになるとは限りません

其の参

日本最高峰、まさに歴史に残る高嶺の花

小野小町

落ちぶれ 対決

虎御前

大磯ピュアラブストーリーは突然に

小野小町《おののこまち》は、クレオパトラ、楊貴妃《ようきひ》とならんで「世界三大美女」のひとりといわれています。もちろん、こんなセレクションは日本だけでいわれるわけで、グローバルなトピックの中にちゃっかり「地元ネタ」を潜り込ませるのは、いい加減やめてほしいところだよね。

それはさておき、**小野小町といえば美人の**

代名詞。彼女が日本史上最高の美人といわれることは間違いない。江戸時代の川柳にも「弁慶《べんけい》と　小町は馬鹿だ　なあ嬶《かかあ》」というのがあります。弁慶は義経《よしつね》の尻ばかり追いかけて童貞。小野小町も一生処女だったという伝説があるけれど、それに対して「俺とカカアは仲良しでいいなあ」という意味なのですが、こんな川柳があるくらい庶民の間でも名前が知られていた。しかし実は、歴史的にはどんな人だったのか、皆目見当がつかない女性なんです。

「秋田美人」で有名な秋田生まれだったという説があります。当時、「采女《うねめ》」という、全国その地方その地方の美女を朝廷に送り出す制度があった。采女として朝廷に上がった女性たちは、色々な行事の舞姫として舞うことになるのですが、そのひとりとして秋田から来たという説です。だとすると、高い地位の女官だったのでしょうが、きれいどころが選抜された采女の中でも、ひときわ目立つ美人だったわけではないのでしょうが、き

ただ彼女が幸せな結婚をしたという伝説は、ほとんどない。むしろ**「自分の美貌を鼻にかけて男をフッて回った」**という**「高慢で嫌な女伝説」**で語られることのほうが多い。

その代表が、深草少将《ふかくさのしょうしょう》の百夜通い。深草少将が小町に「つき合ってください」と申し

込んだところ、小町は「百晩ちゃんと通ってきてくれたら、つき合ってもいいです」と答えた。深草少将は、がんばって毎夜通ったのですが、最後の百日目に大雪に巻き込まれて凍死してしまう。小町がむやみにハードルを上げてしまったために、結局、誰も幸福にならなかった――こういうバッドエンド系の話が残っています。

しかしこうした伝説は、女性へのヘイト、ミソジニーの匂いがしませんか？　僕なんかはよくわかるタイプですが、男には女性に対し「俺なんか、どうせ相手にしてもらえない」という卑屈な気持ちがあって、それをこじらせると「美人なんか嫌いだ」という魂の叫びになる。特に小町さんのように「2000年にひとりの美女」だと、とことん否定したくなるのかもしれません。

いわゆる九相図《くそうず》というのがあります。これは最初はまだ美しい死者が、やがて朽ち果てて骸骨になっていく姿を描いた連作の絵のこと。このモデルに小町が選ばれることが多いのです。この絵はお寺がつくるのですが、建前としては「諸行無常」を伝えるために使うといわれていました。しかし実際には、まだまだ女性に興味がある若い僧侶たちに**「おまえらが憧れる女性の実態はこうだぞ！」**と思い知らせるために使われたそうです。

能の『卒都婆《そとば》小町』でも、老いてしまった小野小町の姿が描かれますが、美人だからといってチヤホヤされるわけじゃなく、むしろモテない男たちの恨みの対象になっているフシもある。**「美人ゆえの不自由さのシンボル」**として、小野小町のことを考えてみてもいいのかもしれません。

小野小町は、百人一首に歌が残っている歌人ですから、実際にいたことは間違いない。しかし「曽我《そが》兄弟の仇討物語」のヒロインである**虎《とら》御前《ごぜん》**は、かなり伝説上の人物です。「かなり」というのは、モデルになった人はいたかもしれないからです。

100回通ってくれたらOKしていいわよ
100回いいね！押すんじゃダメ？
100回LINEするんじゃダメ？
めんどくせ

リゾート施設で有名な大磯は、もともと大きな宿場でした。宿場には遊女がいる。で、**大磯を代表する3人の遊女のひとりが虎御前**でした。彼女は、父の仇を追っていた曽我兄弟のお兄さんのほう、曽我十郎《じゅうろう》と出会い、恋人となります。

曽我兄弟は、伊豆を代表する豪族・伊東《いとう》家のお坊ちゃん。物語の設定では、彼らの父親は、河津桜で有名な河津を治める河津祐泰《かわづすけやす》という武士だった。ところが、一族の争いで、工藤祐経《くどうすけつね》という人物に殺されてしまう。その後、未亡人が曽我祐信《すけのぶ》と再婚し、兄弟は曽我姓を名乗るようになります。

彼らは父を殺した工藤祐経を仇として狙うのですが、その祐経は文官として、源頼朝のお気に入りの側近になっていた。常に頼朝の近くで働いているために、なかなか手が出せない。兄弟は苦労するのですが、やがて見事に本懐を遂げて、父の仇を討つ。

しかしそのとき、頼朝の御家人たちに取り囲まれ、十郎は斬られて亡くなってしまう。弟の五郎も捕まって、後に首を討たれます。恋人である十郎を失った虎御前は髪を下ろして、兄弟の菩提を弔って暮らしたのでした。

この「曽我兄弟の仇討」の物語が成立していく背景には、**全国を遊行して旅していた「歩き巫女」**という人たちの存在があったのではないでしょうか。

出雲《いずも》阿国《おくに》の項でも触れますが、こうした歩き巫女たちは、宿を拠点にして営業するのではなく、全国を遊行して回る。遊女としての格は、拠点営業の人よりも一格落ちたのかもしれませんが、土地土地を巡り、求めに応じて歌ったり踊ったりする。歌や踊りのほかに提供するコンテンツとして**「語り」**も重要で、ときには

物語も語る。その物語のひとつが、「兄弟の仇討」であり、最後に**「実は兄の愛人の虎御前とは、なにを隠そう私の若いときの姿なのです」**というオチがつく。そうした遊女たちの営みの中で『曽我物語』が成立し、そして虎御前の伝説もはぐくまれていったのかもしれません。

ちなみに虎御前の「御前」は、義経の母・常盤《ときわ》が、「常盤御前」と呼ばれたように、女性をある一定の敬意を持って呼ぶときに使われる呼称です。

何度か述べることになりますが、日本ではもともと室町時代くらいまで、**性を売り物にする女性が強く差別されることはなかった**。面白いことに、かつての貴族を見ると、母が遊女だったという人はけっこういるんです。だから兄の母は遊女、弟の母は貴族ということがあったりするわけですが、では遊女の子に家を継ぐうえでハンデがあるかというと、これがまったくない。

そんな社会ですから、虎御前も遊女だからといってマイナスなイメージはないんです。曽我十郎も、「俺の彼女はいろんな人の相手をして」と思うより、むしろ**「人気者を彼女にしている」**という誇らしい気持ちのほうが強かったのかもしれません。今でいえば人気アイドルを彼女にしているような感じだったのかもしれないね。

本郷教授の判定!

虎御前		小野小町
人気者の彼女で自分も お店のナンバー1 悲恋物語のヒロイン	優	2000年間、ベスト1の美女 百人一首の歌が残る名歌人
本当にいたのかけっこうあやふや 愛した男は本懐を遂げるが 命を落とす	劣	プライドが高すぎ、 ハードルも上げすぎた モテない男の恨みを買いまくり

ガイコツになってもがんばったで賞
バンザ〜イ
カタカタ
小野小町の勝ち!

誰も愛さずに老いてしまった小野小町の伝説と、十郎を愛したがゆえに、悲恋の人になった虎御前の物語。この対決はどっちが勝ちなんだろうね。骸骨まで見せて営業しているという意味では、小野小町の勝ちでしょうかね。

戦争に巻き込まれ、戦場に生きた男装の美女

其の肆

巴御前

強く美しい幼馴染から愛しい恋人へ

男装麗人 対決

川島芳子

男社会に翻弄された悲劇の女性

巴《ともえ》御《ご》前《ぜん》は木《き》曽《そ》義仲《よしなか》の恋人として有名です。そして彼女はただの恋人ではなく、**自分自身、鎧兜に身を固めて戦場に出た女性**でした。しかも大変に美しかったといわれています。ただ彼女は本当のところ何者だったのか。それを語る良質な史料は、実は残っていないんです。

木曽義仲は、信濃国《しなののくに》の

木曽に勢力を持つ、中原兼遠《なかはらのかねとお》に育てられたといわれています。その中原兼遠の息子が樋《ひ》口次郎兼光《ぐちじろうかねみつ》、今井四郎兼平《いまいしろうかねひら》の兄弟で、彼らは子どものころから義仲と一緒に育った。一説によると、この兄弟の妹が巴さんで、彼女もまた義仲とは幼馴染だったといわれています。しかし中原兼遠の子ではないという話もあり、ここはよくわからない。また義仲には、源頼朝のところに人質に出した清水冠者《しみずのかんじゃ》という息子がいるのですが、この少年の母が巴であるという説もあります。しかし、これも年齢から考えると「ちょっと無理なのかな」という気がします。

しかしとにかく**巴は美しく、強かった**。『平家物語』によると、義仲は、源義経と戦ったとき「女とともに死出の旅路を旅立ったと言われたくない。戦場を落ち延びて、逃げてくれ」と彼女に告げた。いや、僕も男の端くれなので断言しますが、これは義仲の愛ですよ。巴を逃がしたい、でもこうでも言わないと彼女は聞き入れてくれませんから。そうすると巴は「最後に殿にいいものをご覧に入れましょう」と答えて、敵の武者と組み合い、**相手の首をねじ切ってみせた**そうです。

この「ねじ切った」という表現について、国文学のほうで研究があります。本当に人の首をねじ切ってしまえるかというと、それは難しいであろう、だからこれはどうやら、力任せに相手の首の骨をへし折ったことを指すのだろう、と。そうして相手が動かなくなると、小刀を抜いて相手の首をとった。そんなすごいことをやってのける女性だったんです。

その後結局、木曽義仲は討ち死にを遂げる。心の通じ合った主従であり、子どものときからの幼馴染でもあった今井兼平は、義仲が戦死するのを見届けると、自分も刀を口にくわえて馬から地面に落ち、自害する。**壮絶な最期**です。


一説によると義仲の滅んだ後、巴御前は源頼朝のところに連れてこられた、とされています。そうしたら和田義盛《わだよしもり》というオッサンが「彼女は美人なうえに強い。自分との間になら、きっと強い男の子が生まれるだろう」と、頼朝に言上し、彼女をもらいうけた。それで「二人の間に朝比奈三郎《あさひなさぶろう》という大変な勇者が生まれたのである」というような話もおまけとしてあります。しかしこれはどこまで本当かわからないですね。

僕のように全く運動音痴の男がいるかと思えば、オリンピックに出て柔道で金メダルを獲るような女性のアスリートもいる。それを考えると、**女の人も鍛えれば武者として相当いけたんじゃないか**。男装の女性武者がいてもちっともおかしくないかな。僕だったら、巴御前や現代の女性のアスリートと戦ったら、ものの2秒で倒される自信があります。

そして**川島芳子《かわしまよしこ》**は、もともと**清《しん》王朝の皇族のお嬢さん**。お父さんは愛新《あいしん》覚羅《かくら》醇《じゅん》親王といって、この人には5人の奥さんと、28人もの子どもがいた。彼女はその1人で、清王朝が滅亡した後、「私の娘を頼む」と日本人の川島浪速《なにわ》に託されます。

頭山満《とうやまみつる》や宮崎滔天《みやざきとうてん》が有名ですけど、川島浪速は当時「中国で活躍しよう」と動いていた、いわゆる大陸浪人です。清の皇族の娘は彼の養女となり、日本人・川

島芳子として育てられることになります。

彼女は跡見女学校で勉強した後、義理の父が長野県の松本市に引っ越したので、松本高等女学校の聴講生になる。そこで、はっきりとはわからないのですが、**「川島浪速が彼女に強制的に男女の関係を迫った」という酷い話**があったらしい。そうしたことが関係したのかもしれないけど、彼女は17歳のときに髪をばっさり切り、**「自分は男として生きる」**と宣言する。もともと王族の高貴な生まれで、非常に整った顔立ちをしていた彼女は「男装の麗人」として当時のメディアに取り上げられ、面白半分に伝えられる。彼女に憧れる女性ファンも多く、人気者になってしまいます。

やがて成人すると中国に渡り、一回、結婚してすぐに離婚する。そして当時、上海駐在官だった田中隆吉《たなかりゅうきち》少佐と出会い、彼によって**日本軍のスパイの道に引き込まれて**しまいました。

その経緯はよくわからない。田中は後に少将まで出世するのですが「川島芳子とは男女の関係にあった」と自ら暴露しています。実際に特別な関係にあったことは間違いないらしいのですが、本当は**ブサメンの田中がストーカーのようにつきまとって**、芳子はそれをかなり嫌がっていたという、周囲の客観的な証言もあります。

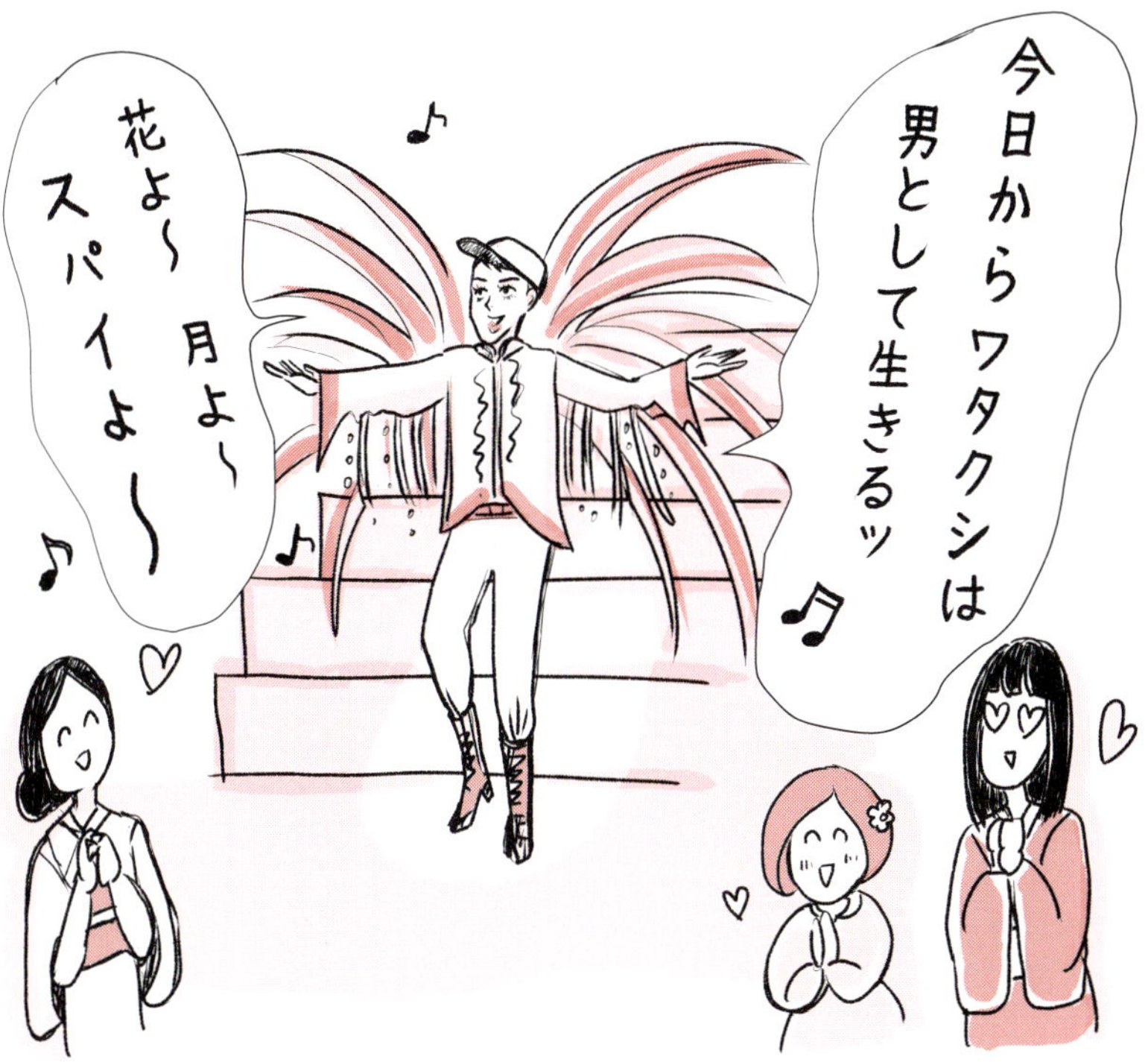

元皇族として顔がきく芳子は、田中の求めに応じて、日本軍の利権のために働いた。そして彼女は**「東洋のマタ・ハリ」「男装のスパイ」**として、注目される存在になります。ただ、このころの彼女の生活は「軍部にいいように使われてしまった」という感じで、どう考えても気の毒なものだった。

当時の李香蘭《りこうらん》こと、後の山口淑子《やまぐちよしこ》と彼女は、一時期、大変に親密にしていたそうです。しかし李香蘭は「川島芳子のまわりはどうも胡散臭い」と交際を周囲にとめられ、芳子も彼女のためを思って、しだいによそよそしくなる。そこにあるとき芳子から手紙がきた。手紙には**「色んな人に利用されて、その結果としてゴミのように捨てられる存在が今の自分である」**ということが書かれていたそうです。かわいそうに。

結局、日本軍は敗北し、彼女は中国国民党に捕まってしまいます。そして、もし彼女の身柄が共産党の手に渡ると、国民党を攻撃する材料として使われる可能性があった。そこで国民党は**「中国人でありながら日本にしっぽを振った裏切り者」**ということで死刑判決を下すのです。芳子は「自分は日本人だ」と弁明した。もともと日本に戸籍のある日本人なのだから裏切りではない、日本に照会し、戸籍を取り寄せれば証明できる、と言ったのですが、間に合わなかった。国民党は、彼女を処刑してしまいます。

彼女は、ずっと「自分は何者なんだろう？　アイデンティティはどこにあるんだろう？」と苦悩していたと思います。そうでないと17歳で「男として生きる」なんて言わないですよね。しかも、それがまたメディアの注目を浴び、下手に人気者になってしまった。大陸浪人の義理の父から始まって、いろんな勢力に利用されてしまい、胡散臭い世界の住民となる。そして最期は「売国奴」として殺されてしまった。そんな**気の毒な人生**の人でした。

本郷教授の判定!

川島芳子		巴御前
清王朝の遺児という高貴な生まれ 男装の麗人として人気者に 東洋のマタ・ハリとして諜報活動	優	男に匹敵、凌駕する胆力と 絶世の美貌を持つ 木曽義仲軍の武士として活躍
清王朝は滅び、日本には利用され ……男性社会の欲望に翻弄される 売国奴として処刑される悲しい運命	劣	義仲は敗亡してしまう 戦後、捕縛され頼朝の 部下にもらわれた説あり

色んな人に利用されてゴミのように捨てられた人間がここにいる
大変だったわね…
グス

この対決は運命に翻弄された川島芳子さんがあまりにも気の毒なので、彼女を勝ちにしてあげたいです。ただもうそれだけです。

川島芳子の勝ち!

素晴らしきニッポンの伝統、衆道の世界

其の伍

ボーイッシュな尼僧姿で男色将軍を虜に

お万の方

倒錯の美女 対決

森蘭丸

天下の信長に寵愛された美丈夫

お万《まん》の方《かた》は、もとは京都の六条《ろくじょう》家のお姫さま。ただ、お姫さまといっても、当時の貴族はそんなに裕福ではないし、六条家もあまり高い地位に昇るほどの家ではなかったです。だから、そこまでお姫さまお姫さましたセレブという感じではなかったかもしれません。

この人は、伊勢神宮ゆ

かりの慶光院《けいこういん》というお寺の院主《いんじゅ》になるはずでした。それで、お寺の大スポンサーである徳川将軍のもとに、挨拶に行った。まだ少女の身です。当時の将軍は、第三代家光《いえみつ》。その家光が、**尼僧姿の彼女に妖しい萌え心を発し**、「俺の側室にならない？」と熱心に誘ったわけです。家光という人は、もともとBLというか、男性が好きで、女性にはあまり興味がなかった。そうした家光だけに、頭を剃りこぼしたボーイッシュな少女の姿に、ハートをわしづかみにされてしまったのかもしれません。

運命とは不思議なもので、結果、彼女は**還俗《げんぞく》し、江戸城の大奥に入る**ことになる。そして「お万の方」と名乗るようになりました。当時は、慶光院の院主になるより、家光の側室になるほうが勝ち組だったのでしょうね。

家光はこの**お万の方のことがいちばん好きだった**といわれています。家光といえば乳母の春日局《かすがのつぼね》の存在が有名ですけど、春日局の亡き後、大奥の一切の取り仕切りを任されたのは彼女、お万の方。ちなみに、春日局のときの大奥は、どちらかというと質実剛健、質素倹約タイプの女の園だったのが、京都のお姫さまだったお万の方が取り仕切るようになってから、だんだん派手に**『源氏物語』の宮廷風**になっていったという話があります。

大奥というと、これは都市伝説の類かもしれませんが、篤姫《あつひめ》のところでもふれますが、**正室から跡継ぎが生まれることがほとんどなかった**。実はそれは「大奥自体が密かにそう仕向けていた」という説もまことしやかにいわれています。

将軍の正妻になるような女性は、相当上位の貴族出身だったりする。その貴族のお姫さまに子どもができて跡継ぎになると、将軍の母ということでその貴族の実家が、大きな権力を持ってしまう。「それは政治的にマズい」と、懐妊しても悪質な薬を飲ませたり、あるいは無事に生まれても大奥の闇に葬ってしまっていた。

なにしろ大奥というところでは、どんなに美人だってトイレに行くわけですが、当時のトイレはいわゆるぼっとん便所ですよね。深い深い穴を掘っているわけですね。そこで用を足すんですけど、ある程度臭うかなと思ったら埋めちゃうわけですよね。ということは、そこに捨てられでもしたらもう……**絶対に出てこないわけですね**。**完全犯罪**。そんな完全犯罪が成立するというような話が大奥にはよくあるということで、大奥、恐いですね、という話です。だから視える人がいたら視てもらったらいいんじゃないかな。いや、それは怖いな。

また、側室についても、30歳になったら「**お褥《しとね》辞退**」という暗黙の制度があったらしい。30歳を超えて将軍と夜をともにするようなことがあると「あの女は慎みがない」とか「色ボケめ」とか、さんざんディスられたそうなんです。女性が本当に美しくなるのは30過ぎだろうに……。あ、これは余計な独り言です。すいません。それにしても恐ろしい世界ですね。

ということで、お万の方は結局、全然子どもを生まなかっ

た。お万さんに子どもができなかったというのは、側室とはいえ、もしかしたらそういうことなのかもしれない。この辺になるとわからないですね。だけど、お万の方は、家光の死後も**もっとも寵愛を受けた人ということで特別扱い**されています。

本来、将軍が亡くなると、ほかの男に嫁ぐなんてことは絶対に許されない。これがたとえば豊臣秀吉が亡くなった後だと、秀吉の愛した女性たちは、結構次の夫のもとへお嫁さんに行ったりしているんですよ。しかし徳川将軍の寵愛を受けた女性は、将軍が亡くなった後は**強制的に出家させられて、無理やりにでも尼さんに**させられてしまう。ところがお万の方は家光が亡くなった後も出家せず、大奥の一切を取り仕切り、君臨し続けた。子どもを生むことはなかった人ですが、権力が好きな女性であれば、やりがいはあったかもしれないね。幸福な一生だったといえるのではないでしょうか。

一方で、**森蘭丸**《もりらんまる》ですね。「れっきとした男子の森蘭丸がなぜここに?」。それはもちろん彼が、**信長の寵愛を受けた**ことで知られているからでございます。

信長という人は男も女も、どちらもいける人だった。いわゆるバイです。これは当時はよくある話で、**戦国大名は皆、男色相手がいた**。お姫さま大好きで女性ストレート一本だった秀吉のほうがむしろ変態なんです。

で、信長に愛されたという森蘭丸くんは、よく下品な冗談で「蘭丸、尻を持て」とか、言われてる。これはつまり、当時の戦国武将というものは戦いに出ますが、戦場には一応女性は連れていかないということになっています。しかし当然、やっぱり戦国武将は圧倒的に「たぎる」ものがあるわけですから、そうなるとどうしても男色も盛んになる。そうなるとどうしても、「蘭丸、尻を持て」ということになっちゃうわけです。ちなみに徳川家康もまた違ったタイプの変態で、彼は関ヶ原の戦場に男装の女性を連れていったという話が残っています。

信長の場合は、若いときから男色相手として、前田利家であったり、堀《ほり》久《きゅう》太郎《たろう》であったり、長谷《はせ》川《がわ》竹《たけ》であったりと、色んな名前が出てきた。そこで笑ってしまうのが、**男色の相手でも、やっぱりそこに無能な人間はいない**んですね。無能でもイケメン、というタイプは好みではなくて、何らかの有能な人間が好き。今でいうと、学歴とか実績みたいなものがないと嫌だ、というようなことでしょうか。ともかく信長は無能な人間、イケメンでも無能な人間というのは好みではなかった。

ですから、信長のそっちのほう、つまり男色のお相手を務めた人間というのは後に必ず出世をしている。でも、ここがまた面白いところで、森蘭丸の前任者で蘭丸以上に信長に

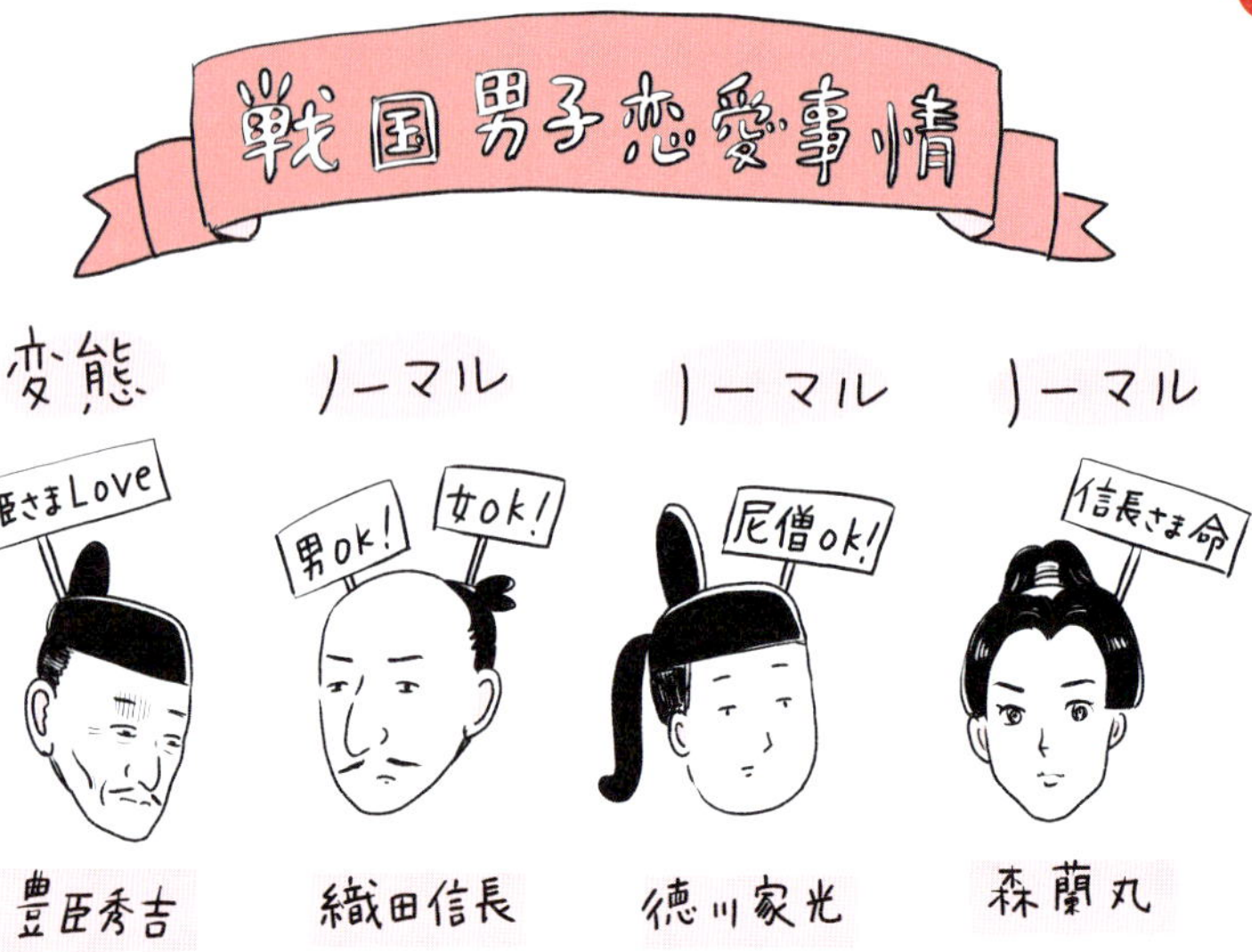

寵愛されたといわれる万見仙千代《まんみせんちよ》という人がいるんですが、この仙千代くんもまた、信長にものすごく可愛がられた。この時代、信長のお相手を務めるということは、のちのちに織田家で偉くなれる、言ってみればエリート候補生だということになるわけです。でもじゃあ、エリート候補生だから大事に大事に信長はするのかというと、そうではなくて、容赦なくどんどん戦場に放り込むんです。どんなに自分が愛している男でも「戦ってこ〜い」と、戦場に放り込む。だから、仙千代くんなんてかわいそうに、そんなに大した戦いじゃないところで討ち死にを遂げてしまうんですね。

そして、「それはそれでいいや」という

のが信長という人で。「しょうがないね、あいつ戦って死んじゃったね」と、そういう人ですね。だから、ただ猫かわいがりするわけではなくて、百獣の王のライオンが子どもを崖から突き落とすように、試練を与える。**それで這い上がってきた男だけを可愛がる**ようなところが信長という人にはあった。

蘭丸もイケメンだったことは間違いないんですけど、どうもムキムキだったという説もあります。錦絵を見ても、なよっと中性的なタイプではなく、槍を持って相手をグッサグッサと突き伏せるようなムキムキ漢が描かれている。しかし、それが武士同士の恋では、ふつうのことでした。

日本は男色天国でしたが、お寺で盛んだったほうの男色というのは、宗教上、女性との間に交渉を持つことのできない坊さんが、その代わりにお稚児さんを狙ったもの。だからこちらでは「あそこのお寺には○○という可愛い子がいるぞ」という感じで、武蔵坊《むさしぼう》弁慶みたいなマッチョ坊主がその子を狙ったりするわけです。現代であれば、虐待として大変な問題になりますね。

しかし武家の恋は違う。森鷗外《もりおうがい》の『ヰタ・セクスアリス』という作品にも出てくる『賤《しず》のおだまき』という小説があります。これは戦国時代の島津《しまづ》家が舞台なのですが、大変美しい少（青？）年が主人公。皆が「我も、我も」「おいどんも」と主人公に求愛するのですが、やがて誰が見ても文武に優れた見事な若武者がついに彼のハートを射止める。しかしそれは中性的な恋愛ではないんですね。**義兄弟の契りを結び「二人で殿のために頑張って働きましょう」と誓う**。そうして二人で**男らしさを追求**していくのです。

信長と蘭丸の場合も、女の人の代わりではなく、**男の美しさを追求する恋**だったのでしょう。だから蘭丸もジャニーズ系の美少年ではなく、凛々しい偉丈夫だったと思われます。最期は本能寺で討ち死にを遂げてしまいますけど、愛する殿と一緒だったのですから、蘭丸にしてみればさぞ本望だったのではないでしょうか。

本郷教授の判定！

森蘭丸		お万の方
あの信長に寵愛される 見た目も美しく、武芸も達者	優	女性に興味のなかった 家光もイチコロ 春日局亡き後、大奥の実権を掌握
本能寺の変にて10代の若さで 信長と運命をともに しかしこれは本望でもあったかも	劣	大奥が贅沢に走りはじめる 将軍の継嗣を生むことは叶わず

もとは尼僧だったお万の方が、家光をどこまで好きだったかはわからない。しかし蘭丸は殿のことが大好きだっただろう。その愛の深さゆえに、これは蘭丸の勝ちにしておきましょう。

蘭丸の勝ち！

残したもの、伝説だけにあらず

其の陸

雷お新

ギャングをシメた全身タトゥーの女ボス

麗しの標本　対決

高橋お伝

明治最後の斬首刑は稀代の毒婦

雷《かみなり》お新《しん》は、土佐藩士の娘として生を享け、明治元年、18歳のとき大阪に出てきました。最初はそこまで悪いことはやってなくて、**枕探し**というのかな。宿屋で人の荷物をあさり、貴重品を抜いたりしていたんです。

この人は**すごい美貌**で知られています。残念ながら写真は残っていないけど、絵を見ても切れ長の目をした美人。それに当時の日本人としてはすらっと背が高い。しかも気風《きっぷ》がよくて、彼女を「あねご」と慕う部下がいっぱい集まってきた。そんな彼らを統率して、いろんな悪事に手を染めていくわけですが、その過程で**全身に見事なタトゥー、入れ墨を入れた**んです。

タトゥーのモチーフとして、伝統的に人気が高かったのは『水滸伝《すいこでん》』の豪傑たち。『水滸伝』は宋《そう》、日本でいうと平安時代末期くらいを舞台とする物語ですが、九紋竜史進《くもんりゅうししん》であるとか、阮小七《げんしょうしち》であるとか、作中に登場する豪傑たちの絵柄が、その道の人たちに人気がありました。お新も魯智深《ろちしん》という、坊主で荒武者キャラのタトゥーを入れていたのですが、しかし彼女の**いちばんメインのモチーフは北条時政《ときまさ》と弁財天《べんざいてん》**でした。

「江ノ島で祈願する北条時政のまえに弁財天が出現し、三枚の魚のうろこを手渡した」という伝説があり、それで北条氏の定紋は「三つうろこ」になっている。だから弁財天と時政がセットになっているのはわかるのですが、しかしなぜ英雄でも豪傑でもない北条時政なのか、そこは面白いですね。

彼女はこの**タトゥーをフル活用**しました。鼻の下を伸ばした金持ちのおやじを宿に連れ込み、「いざっ!!」というところで、タトゥーを見せる。それで「私を誰だと思ってるんだ!」とビビらせて、お金を巻き上げるわけです。

明治の偉い人もそれに引っかかったらしいのだけれど、西郷隆盛《さいごうたかもり》の弟・従道《つぐみち》をカモにしようとしたら、なんと「俺にも入れ墨があるぞ」と入れ墨合戦がはじまった。どこまで本当かわかりませんが、従道が勝ったという説があります。また、この手の話だと必ず出てくるのが女好きの伊藤博文。彼の場合は、お新にのこのこついていったあげく、入れ墨でごまれて、あり金を巻き上げられたという話になっています。トホホだなあ。

しかし彼女は、だんだん**強盗のほうにまで手を染める**ようになり、明治7年にはついに逮捕される。江戸時代だと10両、今のお金でいうと100万円ぐらいを盗めば首が飛ぶといわれていましたが、その影響がまだあって、**明治のこのころも強盗は刑が重い**。彼女は強盗の罪で終身刑を言い渡されます。明治22年に赦免されるのですが、その翌年に流行り病を得て、41歳で亡くなっています。

自分のタトゥーにはプライドを持っていたらしく、彼女は亡くなるときに**「これを保存してくれ」という遺言**を残したそうです。よって、彼女の死後、首のつけ根から両腕の肘、両足のかかとまで全身の皮膚が剥がされ、なめし革にされた。そうして、きれいなタトゥーの標本になりました。

この入れ墨標本が今でも残っているらしい。過去に衛生博覧会に出展されたこともあり、写真が残っていますから実在はしていたんでしょう。しかし、さて、今どこにあるんだというとわからない。大阪医大で保存されているといわれていたのですが、最近調べた人がいて、実際にはないらしい。現在は、所蔵者は不明になっているようです。

対する**高橋**《たかはし》**お伝**《でん》さんは、写真が残っています。見ると、やっぱり**とっ**

てもきれいな方なんですね。この方は毒婦とか悪女とか言われていますが、現代であれば、酌量の余地があったのではと思います。もちろん犯した罪は罪なのですが、毒婦とまで言われなきゃいけないようなことではなかった。

お伝は群馬の水上《みなかみ》で生まれた。大きくなって同郷の男性と結婚し、横浜へ出る。しかし、22歳のときに夫が病を得て亡くなります。のちに毒婦として有名になってしまったために「この夫も実は毒殺した」などと言われましたが、本当のところは、一生懸命看病していたらしい。ですが、女ひとり残された。お金があるわけでもない。そのため二号さんをやったり、売春をして暮らしを立てていたのですが、やがて、小川市太郎《おがわいちたろう》というやくざ者と恋仲になって、一緒に暮らしはじめる。この生活が、いってみりゃ、**ただれたもの**になっちゃうんですね。

そしてお金がなくなって、後藤吉蔵《ごとうきちぞう》という古物商に相談にいく。この人が、いかにもって展開なんですけど**「お金貸してやるから愛人になれ」**というわけなんですよ。おやじはまあ、言うかなー。で、結局、旅籠《はたご》屋に行って体を許したのですが、次の日の朝、起きてみたら吉蔵が「やっぱり金貸すのはやめだ」と言い出した。「賢者タイム」に突入していたのでしょうか。吉蔵がどんな人だったか全然記録が残ってないんですけど、僕みた

いな太ったおっさんが目に浮かびますね。頭に来たお伝は、かみそりで吉蔵さんの喉笛を切って殺害してしまいます。

　それで強盗殺人容疑で逮捕されるのですが、お伝は「吉蔵は姉の仇である」と主張したのです。当時はまだ「仇討」がリアルなものだった。赤穂《あこう》浪士の討ち入りが美談になるように、**「仇討であれば、罪を減じられる」**ということも考えたんじゃないですかね。お伝は一生懸命、主張したのですが、しかしこれは認められなかった。最終的に、**死刑判決**が出てしまいます。

ただ、事件が起こったのが、明治9年の8月。取り調べが終わったのは明治11年の10月ですから、丸々2年ぐらい調査期間があったということになります。江戸の町奉行所のイメージですと、お白州ですぐにでも死刑判決が出てしまいそうですが、結構、時間をかけて取り調べを行っていたんですね。

死刑執行は、明治12年の頭。場所は市ヶ谷監獄。どのように刑が執行されたかというと、**打ち首**です。**斬首されてしまった**。斬ったのは「首切り浅」として有名な山田《やまだ》浅右衛門《あさえもん》。歴代、世襲で「山田浅右衛門」を名乗り、斬首役を務めてきた人です。この人による斬首の死刑執行の最後がお伝さんだったといわれています。

「稀代の毒婦」として、高橋お伝の話は面白おかしく脚色されて、落語になったり、歌舞伎になったり、小説にも書かれたりした。妙な形でスターになってしまいましたが、しかし、今であれば、死刑にまではならなかったんじゃないかと思います。

彼女は、29歳で亡くなった。遺体は小塚原《こづかっぱら》の回向院《えこういん》に、鼠小僧次郎吉《ねずみこぞうじろきち》たちとならんで、埋葬されています。しかしお新もそうだったように、なにか罪を犯した人は、解剖の対象になりやすいのかもしれませんね。**彼女の性器が保存され、東大医学部に残されている**、といわれています。その真偽はよくわからないのですが。

本郷教授の判定！

高橋お伝		雷お新
絶世の美女の誉れ高し 重病にかかった 夫を一生懸命、看病	優	たくさんの子分を従えた指導力あり 全身に入れたタトゥーをフル活用 本人の意向で人体標本となる
罪の言い逃れに失敗 現代ならば酌量の余地が あったのに斬首刑に	劣	やはり泥棒や恐喝はいけません 逮捕されて、おつとめに 残されたタトゥーは行方不明

お新の勝ち！

どちらの勝ちなんていえない二人ですが、お新さんの入れ墨は、写真で実在が確認できます。それに、彼女は生き残っていますからね。ここはお新さんの勝ちということで……。

本郷教授のアッパレ豆知識

徳川将軍家は美女の血が入って、どんどん細面に？

「おちょぼVSお玉《たま》」の項でも取り上げる、悪名高き「生類憐れみの令」を発した徳川五代将軍綱吉《つなよし》の母、お玉さん。彼女自身は三代将軍家光の側室で、家光に先立たれたのちは出家して桂昌院《けいしょういん》と号していました。

芝・増上寺から発掘された、その桂昌院の遺骨を見ると小柄で華奢で、どうやら細面だったようなんです。いわゆる瓜実顔、当時の美人の条件ともいえますね。そもそも美貌を見初められて玉の輿に乗った人ですから、当然といえば当然なんですが。

で、その増上寺からずいぶん江戸時代の徳川家の人々の遺骨が発掘されているんですが、面白いことに、**徳川家も後半になるほど、だんだんと瓜実顔がひとつの特徴になってくる**んですね。なぜ面白いのかというと、最初のころの徳川将軍家というのは、えらの張った、いかつい顔が多かったんですよ。家康なんて、肖像画を見てもブルドッグみたいな顔でしょう？　それが綱吉あたりからどんどん細面になってくる。

これは、**代々とびきりの美人をお嫁さんや側室にして、そこから子どもが生まれてるから**なんですよね。だから、だんだんだんだん瓜実顔になってきてるんですね。それが面白い。

背丈があまり高くないのも徳川家の特徴なんですが、綱吉はとくに身長が低かった説があるんですよ。三河（愛知県）の岡崎にある大樹寺《だいじゅじ》という、徳川発祥の地のお寺さんに、歴代の将軍たちの位牌があるんですが、その位牌の高さというのがまちまちで。どうもそれは、その将軍の実際の背丈に合わせてつくったんじゃないかといわれているんです。そうすると綱吉の位牌なんて、すごく低くて125cmくらいしかない。満６歳で亡くなった七代家継《いえつぐ》の位牌が135cmあるのに。だけど６歳でこの身長というのもどうなんだろう？　……とこれまた想像するだけで面白いんです。

野心満々

第二場

野望に燃え、策略にはめ

虎視眈々

組織をつくり、盤石にした女傑

其の壱

天照大神のモデルといわれる女帝の中の女帝

持統天皇

ニッポンの女帝 対決

春日局

謀反人の娘から徳川将軍の乳母君に

古代史研究者の倉本《くらもと》一《かず》宏《ひろ》さんは**「持統天皇《じとうてんのう》が、日本の古代史を拓き、日本という国をつくった」**と高く評価しています。僕も、その評価はすごく当たっていると思います。

持統天皇は天智《てんち》天皇、つまり中大兄皇子《なかのおおえのおうじ》の娘。彼女が結婚した相手は、のちの天武《てんむ》天皇である大《おお》海人皇子《あまのおうじ》で、これは天智天皇の弟。だから持統天皇は叔父と結婚したことになります。今であればアウトですけど、古代ではよくあることでした。この**天武天皇&持統天皇ご夫妻のところで、日本の国のかたちがつくられる**ことになります。

まずこの二人の時代に、天照大神という女神を中心にした神話世界がきちんと整理され、**高天原**《たかまがはら》**の天照大神の子孫が天皇であるという伝承が確立**される。その「天皇」という称号も、この時代にできた。それまで、この国のトップは大王《おおきみ》と呼ばれていたのです。大王は大きいかもしれないけどあくまで王さま。英語でいえばキング。しかし天皇は英訳するとエンペラーで、つまり天武天皇や持統天皇は**「天皇とは王を超える存在だ」と言いたかった**に違いない。

しかし「天皇」となると、もはや中国の皇帝と同格の呼称。よく当時の唐が認めたなと思うのですが、そのころ唐のトップは中国史上唯一の女帝・武則天《ぶそくてん》(則天武后《そくてんぶこう》)。この武則天は、現在の歴史学では極めて優秀で懐の深い人物だったとされています。この武則天だからこそ「面白い。認めてやろう」ということになったのかもしれません。

持統天皇は、天武天皇との間にできた子ども、草壁皇子《くさかべのおうじ》に皇位を譲ろうと考えていました。しかしこの皇子が早くに亡くなってしまい、忘れ形見の子、つまり彼女にとってはお孫さんが、若くして文武《もんむ》天皇になる。おばあちゃんの持統天皇は、初の上皇になって一生懸命、孫を支えるのです。

この文武天皇の時代、701年に「大宝《たいほう》」という元号がたてられます。ふつうは645年の「大化《たいか》」が最初の元号だといわれていて、これは間違いじゃない。しかし「大化」の後、元号が定められなかった空白の時期が結構あるんです。でも「大宝」からは、常に元号が定められ、連綿と現代に至る。その意味では「大宝」が初の元号だともいえるでしょう。

この大宝時代に編纂された、**日本初の成文法が『大宝律令《りつりょう》』**。この法律の制定は、国の基礎として本当に高く評価されていて、だからこそ古代国家のことを「律令時代」「律令国家」と呼ぶわけです。この『大宝律令』の編纂作業の先頭に立っていたのが持統上皇であったと思うと、この人がいかに偉大だったかよくわかるでしょう。

「いかに立派だったか」という話ばかりだと面白くないので、人間らしいエピソードも紹介すると、彼女にとってのヒーローは、どうやら夫の天武天皇ではなく、パパの天智天皇だったらしい。だから天智パパの血をひく息子に皇位を継がせることにとことんこだわり、天武天皇がほかの女に生ませた皇子はどんどん失脚させています。

これは彼女のマイナス部分といえばマイナス部分なのでしょうが、**人間という生き物がやむを得ず持っている業の深さかな**、という気もします。

持統天皇は、日本をつくった女性。だからこそ伊勢神宮が祀っている、神さまの中でも最高神の天照大神は、彼女がモデルだといわれています。平塚《ひらつか》らいてうが「元始、女性は太陽であった」と言いましたが、まさに**古代国家、日本をつくったのは持統天皇だった。女帝オブ女帝の人**です。

もうひとりの「女帝」、**春日局《かすがのつぼね》**。名はお福《ふく》といって、彼女は明智光秀の重臣・斉藤利三《さいとうとしみつ》の娘さんです。重臣といっても家来だからたいしたことないな、などと思っていると、斉藤利三は、美濃の名族の嫡流。**彼**

女は非常に由緒正しい、セレブのお嬢さんだったのです。

しかし本能寺の変が起こる。父の利三も処刑され、**お福は謀反人の娘になってしまった**がゆえに、美濃の稲葉一鉄《いなばいってつ》という大名のところでやっかいになり、やがて分家の稲葉正成《まさなり》と結婚する。この、夫の正成は小早川秀秋《こばやかわひであき》の家老となるのですが、殿とうまくいかず、関ヶ原の戦いの後に浪人してしまいます。

流転流転の人生。なんとか家を支えなくちゃいけない。そこにあったのが徳川二代将軍秀忠《ひでただ》の息子の乳母募集。息子の名は竹千代《たけちよ》。後の将軍家光となる男子です。これにお福が応募したところ、見事に採用、彼女は江戸で暮らすことになる。このとき、稲葉正成は「おまえはこれから徳川さまの乳母として力をもつだろう。そんなおまえの甲斐性で飯を食わせてもらっているといわれたら、武士の名折れである」といって二人はここで離婚しています。

お福は江戸城に入る。そして一生懸命、竹千代を育てる。しかし彼は引っ込み思案で、今でいう**コミュ障の陰キャ**。一方、弟の国松《くにまつ》は利発で、両親の愛をしっかり受け、**リア充の陽キャ**に育った。ますますいじける竹千代。お福は、大御所として静岡で隠居生活を送っていた家康のもとに出向き、こうした事情を訴えたといわれています。それを受けて家康は江戸まで出てきて、息子夫婦に「**竹千代は将軍になるべき子どもで**

国松は家来になる運命だ。そこを間違えてはいけない」と告げ、竹千代が跡継ぎであることが明々白々になりました。

両親に愛されなかった竹千代ですが、そのかわりに彼に愛情を注いだのがお福。彼女の働きかけのおかげで家光は将軍になれたと言っても過言じゃない。そのお福、後の春日局を、家光もたいへん大事にし、彼女はどんな男性にも負けないほどの大きな権力を握ったのです。

春日局を見ていると、**握った権力を行使することにあまりためらいのないタイプ**だったみたいです。だから自分の子どもや血縁者を登用することにも非常に前向きで、彼女の親戚である稲葉や堀田《ほった》は徳川の譜代大名になり、幕末まで栄えていく。彼女の後にも将軍の生母が血縁を登用することはあるのですが、それはせいぜい二〜三万石程度。春日局が送り込んだ大名はもっと遠慮なく、どーんと大きな領地をもらっていた。こうした例はほかにはないんです。でも、彼らは大名として優秀で、彼らが家光のまわりをがっちり固めて補佐してくれたがために、家光の治世は危なげがなかったのです。

ただ、**家光は女性をあまり好まず、男性が好き**だった。自分と関係があった大名がお嫁さんをもらって子どもをつくると、本気で嫉妬したといいますから、ガチです。だけど将軍にとって、後継者づくりはもっとも大事な仕事と言っても過言ではありません。春日局は一生懸命、**家光のためにかわいい女の子を集め、それが大奥のはじまりとなった**といわれます。その苦労が実って、家光は子どもをつくり、四代将軍家綱《いえつな》、五代将軍綱吉《つなよし》が生まれています。

春日局のサポートもあって、もとはコミュ障・陰キャだったにもかかわらず、家光はまわりに優秀な家臣を配置しながら徳川幕府の基礎をしっかりと築いた。後継者もちゃーんとつくった。春日局の働きは極めて大きかったということになります。

本郷教授の判定！

春日局		持統天皇
家光が将軍職を継ぐことを確定させる 大奥を整え徳川政治をサポート	優	天武天皇の共同統治者として治世 天皇、上皇として古代日本の基礎を固めた
家光かわいさでなりふりかまわず おのれの親戚血縁、大優遇	劣	自身の血を継ぐ皇子のために ライバルをどんどん失脚させる ちょっぴりファザコン？

徳川幕府の女帝であるといっても、日本そのものをつくった人とくらべるとやはり小さいかな。これは持統天皇の勝ちにせざるを得ないでしょうね。

持統天皇の勝ち！

昔はDNA鑑定なんてありませんでしたから

其の弐

淀殿

秀吉のお子さんを二人も生んで権力者に

疑惑の女 対決

日野富子

夫の弟が将軍になる間際で跡継ぎ出産

淀殿《よどどの》と北政所は決して仲が悪くなかった。と、考える研究者もいるのですが、僕に言わせるとそれは典型的な「学者バカ」の発想で、**女性同士、一人の男に愛情があるとすれば、ぶつかるのが人間の情。**実際、北政所は秀吉の死後、大坂城を追い出されたし、淀殿が権力争いに圧勝したわけだ。そのパワーの源泉は、彼女が豊臣秀吉の子を生んだことにつきます。と、ここで誰もが感じる疑問は、**「その子、本当に秀吉の子？」**。

実子か、実子でないか。歴史研究者がガタガタ言っても結論が出ない。そこで僕は専門家、つまり産婦人科の先生に聞いたのですが、彼らの意見は「まず実子じゃない」でした。多くの愛人がいたのに、通説では淀殿だけが子どもを生んでいる。しかも二人も。そんな「出逢いのキセキ」が起きる確率は、天文学的な数字になるそうです。つまり淀殿の生んだ子の「生物学上の父」は、ふつうに考えると秀吉ではないことになる。

では誰だというと、いちばん有力なのは大野治長《おおのはるなが》でしょう。彼は淀殿の幼馴染のような存在で、秀吉亡き後になって、急に歴史舞台に登場してくる男です。

後ほど、おちょぼの項でも触れますが、**跡継ぎを生んだ女性のステータスというものは一気に上がる**。それなら、当時はDNA鑑定なんてものはありませんから、いっそほかの男をつかって……。この企みを実行したとなると、淀殿はなかなかに太い女ということですね。

しかし僕は、秀吉もそのへんの事情はわかっていたんだろうと思うんです。秀吉が信長の血縁に萌える業の深さを持っていたことは、お市の項でも触れましたが、どんなに萌えても子どもは授からなかった。個人としても不幸ですが、政治的にも血を分けた後継者がいないことは大打撃です。そのため姉の子・秀次《ひでつぐ》を養嗣子にしていたわけですが、淀殿がそこの事情を見切って、言ってみればどこの馬の骨かわからない男と子どもをつくった。秀吉もまた、おそらくわかった上で受け入れた。「生物学上の父」が誰であろうとも、彼自身が公認すれば、政治的には間違いなく秀頼は彼の子になるのです。秀吉はこういうところもまた、ますます業が深い人だなと感じます。

秀吉の没後、**淀殿は「おふくろさま」として権力を握る**。事実上、彼女が**大坂城の「女城主」**となり、周囲も彼女がトップであると見ていた。最強の「シンママ《シングルマザー》」です。しかし豊臣家にとって、それが幸運だったのかどうか。

関ヶ原の戦いのとき、秀頼が毛利輝元《もうりてるもと》とともに出陣していたら、福島正則《ふくしままさのり》のような豊臣家ゆかりの大名は、いくらなんでも秀頼を相手に戦うことはできなかったでしょう。そうなると関ヶ原の勝敗もわからない。いちばんわからないのは、大坂の陣で、秀頼が一度も出馬しないまま死んでいくことです。どうせ滅びるのであれば、息子の名誉のために武士として最後に一花咲かせてあげたらいいと思うんだけれども、こうしたところ「やっぱり淀殿は毒親が入っているな」と思いますね。あるいは秀頼を人前に出せない理由があっ

たのかな？　例えば秀吉以外の誰かにそっくりだったとか……。いや、これは邪推。

あと、これを言うのはちょっと酷なのかもしれないけど、本当に豊臣家存続を考えるのであれば、**プライドを捨て、泥水をすする覚悟**で、自ら大坂城を出る道を考えるべきだった。徳川家の監視も受け入れ、江戸城のすぐそば、川越あたりで五万石くらいの大名になる。そして淀殿自身も、江戸に出て人質になる。秀頼は千姫と結婚していましたから、そこまですれば徳川家康もさすがに豊臣家の存続を許していたかもしれない。

でも、**息子が天下人になるという夢**を捨てきれなかったのかな。それが本当に秀吉の子でなかったとしても。


室町将軍・足利義政《あしかがよしまさ》の妻、**日野富子《ひのとみこ》**。こちらも悪女、毒婦として有名ですが、そこまでひどいことはしていない。むしろ**非常に優秀な女性だった**ことは間違いないです。

日野家は、鎌倉時代中期に台頭した貴族で、後に足利尊氏《たかうじ》と深い結びつきができ、三代将軍義満《よしみつ》の正室がこの家から入って以降、将軍のお嫁さんを出す家として定着する。

富子も八代足利義政のもとに送り込まれた。しかしいざ正室になってみると、義政は熟女好みなのか、元乳母の今参局《いままいりのつぼね》を寵愛していたので、富子はこの夫の愛人を追い出してしまいます。今参局も強烈な人で、**島流しの途中、女性ながら切腹**して果てています。ものすごい、すごすぎる。


そこまでして義政を独り占めにしたのですが、その夫が政治はダメ、経済政策もダメ、軍事はもっとダメという、見事なほどの「ダメダメ人間」。富子にしてみれば「勘弁してよ」という感じだったんじゃないでしょうか。そして、この夫婦は子どもに恵まれず、義政は、坊主になっていた弟の義視《よしみ》を俗人に戻して、後継者にしようとする。義視は「そんなこといったって、いつか兄貴んとこに子どもができたらどうすんだよ」とゴネたのですが、義政は「絶対におまえが後継者だ」と約束して、彼を跡継ぎに指名した。しかしその途端に富子が妊娠し、男児を生んでしまうのです。

　この富子の妊娠が、あまりにタイミングがよすぎるんだよね。義視が将軍になってしまったら、富子の存在価値は、なくなってしまう。そこで慌てて子どもを生んだ感じがするので、これはもしかすると、怪しい。

ともかく富子は**自分の息子に将軍職を譲りたい**ということで、息子を盛り立てる。実家の日野家もそれを後押しし、義視派と対立する。「**応仁《おうにん》の乱**」の**勃発**です。自分の弟と嫁の戦い。ならば、義政がこの争いを調停するべきなのですが、彼は本当に頼りにならない。富子と別居状態に陥り、銀閣寺《ぎんかくじ》をつくって、そっちで一人、文化系趣味に没頭する生活を始めてしまいます。現代ならば、現実逃避でオタクに走るパターンの人となったことでしょう。

富子は亭主に愛想を尽かし、事実上の「シンママ」として頑張る。軍事力を持たない彼女ですが、ではマネーパワーとばかりに、京都の町に関所を建てて税金を取る。商業都市・京都に課税を行い、一生懸命蓄財するわけです。これは**経営感覚、経済感覚がすぐれている**ということなので、悪女であるとは決していえない。こうしたママの頑張りが実を結んで、息子は晴れて九代将軍・足利義尚《よしひさ》になります。しかし彼はママより先に若死にしてしまった。母親としては運に恵まれない人ですが、富子のいいところはそれでもめげない。最後まで権力にこだわり続けるのです。

権力争いに執着する男は、特に悪口は言われない。であれば、**女性が権力にこだわって何が悪いのか**。だから僕は富子さんみたいな生涯も、いいんじゃないのと思います。

本郷教授の判定！

日野富子		淀殿
経済感覚に優れ、お金持ちに 戦の末、息子は九代将軍の座に	優	正室を差し置いて秀吉の 跡継ぎを生むことに成功 豊臣家の権力者となる
お金の亡者として悪名を 残してしまう 息子かわいさで応仁の乱が勃発	劣	正直、毒親の傾向あり 子の秀頼は能力を発揮する 機会もなく豊臣家は滅亡

富子の勝ち！
ポン
豊臣家滅びちゃったね
淀殿
富子

権力を握るためには、跡継ぎの男の子を生むことが鍵。やっぱりまだまだ、当時は女性にとって生きづらい世の中でした。淀殿にしても、富子にしても、うまいぐあいに子どもを授かっていますが、淀殿は家を潰してしまった。その点では富子さんのほうが勝ち組といえるでしょうね。

背後から操って歴史を動かす

其の参

戦の裏に女あり。武士台頭のフィクサー

美福門院得子

黒幕

対決

天璋院篤姫

薩摩から来たしっかり者のお姫さま

美福門院得子《びふくもんいんとくし》は、美貌の人だった。しかもただ美しいだけではなく、相当できる女性だったといわれています。

　彼女のお父さんは藤《ふじ》原長実《わらのながざね》という人で、今でいう県知事をいくつか歴任した後に中央入りして正三位・中納言になっている。もっとも政治家としては、正直、無能だったとはっきり言われています。その娘の得子は、**子どものころから大変な美少女**で、お父さんは「ちょっとやそっとの家には嫁にやらんぞ」と猫かわいがりにかわいがっていたそうです。

お父さんの死後、得子は鳥羽《とば》上皇の寵愛を受け、美福門院の号を与えられるまでになる。この**〇〇院という院号は「女院《にょいん》」といって、女性にとって最高の名誉**。普通は皇族や、摂関家の女性に限られるのですが、彼女は、実家の後押しのない「頼りになるのは自分だけ」という状況でゲットしているからすごい。

得子を愛した鳥羽上皇は、白河《しらかわ》天皇の孫。もともと祖父の白河天皇がかわいがっていた待賢門院璋子《たいけんもんいんしょうし》という人を熱愛し、やがて子どもが生まれた。この子が崇徳《すとく》天皇になったのですが、そこで「崇徳は白河上皇の子どもじゃないか」という噂が流れます。これはいかにもありそうな話で、もし白河が待賢門院とデキていて、崇徳がその子となると、鳥羽上皇にとって長男の崇徳は、実は「叔父さん」ということになる。なので、鳥羽上皇は崇徳のことを「叔父子」と呼んで愛憎相半ばするような状況になったそうです。

ただそんな疑惑が出るようなら、普通は待賢門院のことを「このビッチめ！」と嫌いになるはずですよね。しかし鳥羽上皇もいいタマで、この後も待賢門院との間に何人も子どもをなしています。**自分を裏切っているかも……と思うほど愛してしまう**。業が深いんですね。そんでもって、そこに割って入ったのが得子。彼女は鳥羽の寵愛を得て、美福門院となり、男の子を生む。そして崇徳天皇を退位させてしまい、その子が近衛《このえ》天皇となります。ちなみにこのとき得子は、極めて異例なことに、天皇の母として「皇后」になっています。

しかし近衛天皇は体が弱かったらしく、やがて亡くなってしまう。そこで退位させられた崇徳が「次は俺の息子を天皇に」と動き出すのですが、得子は自分が猶子《ゆうし》にしていた皇子——猶子というのは少しカジュアルな養子のこと——を天皇にしようと策謀し、まずは猶子の父親を中継ぎとして皇位につける。これが後白河《ごしらかわ》天皇です。後白河は実は待賢門院が生んだ子で、崇徳上皇にとっては同母の兄弟だったのですが、やがて崇徳上皇と後白河天皇の間にドンパチが起こる。これが**有名な保元《ほうげん》の乱**です。

後白河天皇方と崇徳上皇方が武士を招集し、それぞれの命運をかけて、いわば代理戦争が行われた。平安時代は長らく平和で、この保元の乱が京都周辺で起こった、実に350年ぶりの戦いとなります。その背後にいたのが、美福門院得子でした。

結果、後白河天皇方が勝利を手に。平家では平清盛《たいらのきよもり》、源氏では源頼朝の父・源義《みなもとのよし》朝《とも》が勝者です。慈円《じえん》というお坊さんが書いた『愚管抄《ぐかんしょう》』では、保元の乱の後「武者《むさ》の世に

なりにけるなり」と記されていますが、戦いの結果、武士が自らのパワーに目覚め、朝廷の命運を握るような存在になった。となると**「武家台頭の黒幕」が得子であった**ともいえますね。

美福門院という高い名誉を得た。まさに「院政」で、武士の世の幕開けに関わり、平清盛の台頭にも関わった。政治権力を持った女性として、かなり思い通りに運んだ人生だったのではないかと思います。

天《てん》璋《しょう》院《いん》篤《あつ》姫《ひめ》は徳川十三代将軍家定《いえさだ》の正室。滅びゆく徳川家に嫁に入った女性として有名ですね。

徳川将軍はぜんぶで15人。その中で正室から生まれた人は、実は三代将軍の家光だけなんです。考えてみると正室に選ばれるような女子は超箱入りのお嬢さま。将軍も超温室育ちのお坊ちゃんが多いわけで、このもやしカップルの間に子どもができにくいのも無理はない。そこで幕閣も「そろそろ正室から生まれた跡継ぎがほしい」と考え**「健康第一なら、やっぱりスーパー戦闘民族の島津だろ」**という話になり、島津家に打診が行った。

当時の島津は、江戸時代随一の名君といわれる島津斉彬《なりあきら》が藩主です。しかしこの人のお嬢さんは皆不健康だったようで、島津一門を探して白羽の矢が立ったのが篤姫でした。故郷は鹿児島県の指宿《いぶすき》で、篤姫も子どものころは海岸を走り回って育ったらしい。身長は157〜8㎝、体重も60㎏くらいあったそうです。斉彬は彼女を自分の養女ということにし、さらに格を上げるために京都の近衛家の養女にして、篤姫は徳川の正室になった。

しかし篤姫自身がフィジカルエリートでも、夫になった家定のほうが超病弱で、結婚生活がわずか2年に満たないうちに亡くなり、**篤姫はあっという間に未亡人に**。その後、紀州の徳川家茂《いえもち》が十四代将軍の座につきますが、この家茂の正室になったのが、皇女和宮《かずのみや》。嫁と姑ということで、この二人はあまり仲がよくなかったみたいですけど、**彼女**

たちが一致して頑張ったのが、江戸城無血開城でした。

家茂の次は、十五代将軍慶喜《よしのぶ》。このとき幕府を攻める勢力の中心が、篤姫の実家の島津でした。篤姫はきっと、実家の島津のために働くか、あるいは嫁にきた徳川のために働くか、悩んだことでしょう。しかし彼女は**徳川の嫁として生きることを選択**し、慶喜の助命を西郷隆盛に働きかけます。いくら不人気な将軍でも、慶喜が腹を切るとなると、徳川の旗本、御家人は江戸城に立てこもって戦わざるを得ない。それを総攻撃すると100万都市・江戸は火の海になっ

てしまう。大勢の庶民の命も失われたことでしょう。結局、西郷隆盛と勝海舟《かつかいしゅう》の首魁同士の会談が行われ、ギリギリのところで江戸城無血開城が決まった。

そして幕府は滅び、大奥の女性たちは親元に帰るのですが、男前なことに篤姫は、自分の**財産を全部、彼女たちの支度金として分け与えてしまう**。その後、島津から「お金を用立てる」という話があったのですが、彼女はあくまで徳川の人間だから、とお断りしています。

維新後の篤姫は、十六代に予定されていた田安亀之助《たやすかめのすけ》を、若いときから英語を習わせたり、イギリスに留学させたりして、母親がわりに一生懸命育てる。彼は徳川家達《いえさと》となり、近衛家の娘と結婚します。篤姫は「ようやく責任を果たした」と思ったことでしょう。

と、ここまでの彼女はデキ過ぎるくらいにデキた女性なのですが、この人の面白いところは、**肩の荷が下りたとたんに飲んだくれになってしまう**こと。芸者をあげて「今日はどこ」「明日はどこ」という感じで毎晩のように飲んだ。勝海舟も飲み仲間だったといいます。いやあ、人間くさくていいですよね。ただ、その結果、たぶん高血圧だったのではないかと思いますが、入浴中に脳溢血を起こして亡くなってしまったのでした。

本郷教授の判定！

天璋院篤姫		美福門院得子
体力、能力を買われて徳川家に 幕末の難局で政治力を発揮 徳川家の人として節義を守る	優	美貌と知力を兼ね備えた人 自力で院号をゲットした実力者 清盛、義朝を使い、乱に勝利
将軍家定は早世し、未亡人に 維新後、故郷の若者たちが 戦場に散るのを見る	劣	ライバルを蹴落とすのに 手段は選ばず でも貴族が実権を失い、武士の世に

篤姫は、江戸城無血開城のために頑張った。ただ美福門院のように直接権力に関わったわけではない。もうひとつ、篤姫がドンチャン騒ぎを始めたのは、もしかすると西南戦争で、郷里の鹿児島の多くの若者たちが死んでしまったことが、原因だったのかもしれません。どちらが幸福であったのかと考えると、僕は美福門院に軍配を上げておきます。

マウンティング合戦を制し、頂点を目指せ！

其の肆

侍女から加賀百万石の有閑マダムに
おちょぼ
なりあがり女 対決
お玉
商家の娘から将軍の母。文字通りの玉の輿

加賀百万石の祖・前田利家は、朝鮮出兵のとき、今でいう佐賀県、肥前名護屋《ひぜんなごや》に長期駐屯することになる。このとき、正室のお松は国元から動くことができず、利家の身の回りの世話を託されたのが、侍女の**おちょぼ**。

殿さまの世話を任されるからには、おちょぼはよく気がつく女子で、またお松にとって長いつきあいの、気心の知れた間柄だったに違いない。しかしこのミッションが彼女の運命を大きく変えることに相成ります。

「パパ活」の成果か。それとも、すでにおじいさんだった殿のセクハラか。**いわば単身赴任中の殿さまのもとに赴いたおちょぼは、めでたくご懐妊**。しかも生まれたのは玉のような男子だった！

さすがに正室お松に対して「すみませんです」と思ったのか、利家は、猿千代《さるちよ》と名付けられたおちょぼの子とは、ほとんど親子として対面することなく世を去ります。一方、おちょぼのほうは、主人のお松さまに対して「こんなことになって申し訳ありません」と頭を下げたかと思うと、とーんでもない。**マウンティング合戦に負けてたまるか！**「男子を生んだのだから、あなたと同格よ！」ぐらいの勢いで、お松と廊下ですれ違っても頭も下げなかったという逸話が残っているほどだから、たいしたもの。かなりの気の強さと、上昇志向がうかがえます。

しかも、利家の長男・二代利長《としなが》には子がおらず、彼女の子、猿千代がゆくゆくは大藩前田家の藩主、三代利常《としつね》となるのだから、歴史ってものは面白い。お松は人質となって江戸に出ていったので、もはや**金沢はおちょぼの天下**。日蓮宗の熱烈ビリーバーだった彼女は己の贅沢はもちろん、やりたい放題に寄付やら寄進やらをし、今も重要文化財として残る妙成寺《みょうじょうじ》など、大きなお寺をがんがん建てた。

だがしかし、金沢城内には当然、お松派もいる。能天気でＫＹなおっかさんに比べると、意外にもクレバーだったらしい利常にすれば、微妙な空気の中「とほほ。母ちゃんのせいで、家来たちの俺を見る目が冷たいんですけど」と感じることもあったでしょう。

後にこのおちょぼ、お松と入れ違いに江戸に人質に出る。しかし江戸城においても彼女はたくましく、日蓮宗の信者つながりで、徳川将軍家の愛人たちと「ママ友」になり、これまたここでも競うようにして**じゃぶじゃぶお金を使った**。そして面白おかしく人生を満喫し、61歳でこの世を去ります。

彼女の人生をみると、当時の女性の「ステータスアップモデル」がよくわかります。まず**殿さまと男女の関係になると「格」が急激にアップ**。さらに**殿の子ができてアップ**、しかもそれが**男子だと一気にどーんとアップ**。そんでもってその子が跡継ぎにでもなろうものなら、藩のお金を思いのままに使えるほどの地位へとのぼりつめるわけだ。

ただ悲しいかな、母親の浪費を憂いた利常は、前田家のお墓に彼女を入れず、おちょぼは、ひとりさみしく妙成寺に眠っています。いや、そんなことではびくともしてないか、意外に**能天気で痛快な女性**だったに違いない。

一方、こちら**お玉**《たま》は、生類《しょうるい》憐《あわ》れみの令で有名な徳川第五代将軍綱吉《つなよし》の母。「玉の輿」の語源になったともいわれていて、**自身がまごうことなき玉の輿人生を生きた人**です。もとは京都の商家の出身で、八百屋の娘だったという伝説もあります。大変な美人であったことは間違いなく、六条のお姫さまの侍女募集に応募して見事、採用された。このお姫さまは慶光院というお寺の院主になる予定だったのですが、お姫さまが尼僧姿を見初められて家光の側室（お万の方の項参照）となり、さらに侍女のお玉まで側室となるのだから、人生っちゅうものの一寸先は闇か光か、ほんとわかりませんね。

大奥といえば将軍ハーレム状態で、気に入っちゃった女は軒並み口説いてオッケー♪みたいなイメージがあるかもしれないけれど、それは大きな誤解。まずは大奥内で「いい子を厳選しましたザマス」と選抜があり、そこから将軍は選び、求める。そしてこの**「選抜メンバー」**に入るためには、大奥の偉いオバサマ、まさに「ガチお局さま」に気に入られる必要がある。ということは、お玉も年上にかわいがられるタイプの、機転のきく地頭のいい女性だったに違いない。そんなこんなで彼女は家光に愛され、男子を生む。家光は正室とは早くから事実上の離婚状態だったので、いわば**「後妻業」の成功**です。

お玉は「教育ママ」だったらしく、我が子に超一流の儒学の先生をつけ、息子も期待に応えて親孝行で勉強好きに育つ。やがて彼の兄、四代家綱《いえつな》が亡くなり、跡継ぎがいなかったため、**京都の商家出身のお玉の子がついに日本のトップ、五代将軍綱吉**となりました。

おちょぼのところで述べた「ステータスアップモデル」でいうと、お玉は男子を生み、その子が跡継ぎになった。しかもそこらへんの後継とは格が違う。将軍徳川家の跡継ぎです。家光の死後、お玉は髪を落とし「桂昌院《けいしょういん》」と号していましたが、将軍の生母たる彼女の権力は相当のものだった。ですが**この人の後世の評判は、すこぶる悪い**んです。

実は、行き過ぎたポリティカル・コレクトネスというか、「人よりも動物を大事にしたせいで、みんな大変な苦労をしました」と悪名高き、生類憐れみの令は、彼女が息子・綱吉に「生き物を大切にしなさい。あなたは戌《いぬ》年だから特に犬を大事にすると後継が無事に生まれるザマス！」とアドバイスした結果、出されたものとされています。だから桂昌院こそ悪法の根源、とにかく評判は悪かった。

でも現代においては、生類憐れみの令は「殺伐とした時代に生命を尊重する気風を育てた」として、再評価もされています。それとともに桂昌院の評価もコロリと変わり、今では彼女ゆかりの今宮《いまみや》神社は、**「玉の輿祈願」**のパワースポットとして人が訪れるようになっています。

本郷教授の判定！

お玉		おちょぼ
商家出身の侍女から将軍の愛人に 厳しいお局さまたちにかわいがられる 息子は五代将軍に	優	ワンチャンを掴み 見事に男子出産、跡継ぎに 正妻お松と並ぶ権勢を誇る
息子将軍に「犬を大事にしろ」と アドバイスしたばかりに、 多くの民が苦しんだと評判が悪い	劣	お松を重んじる気配、まるでなし 浪費家のKYで息子の肩身は狭し

「パパ活」の成果か「後妻業」の成功か、跡継ぎを生んで巨大な権力をその手に握った彼女たち。格でいえば、お玉はなんといっても将軍の母で圧倒的。しかし「徳川家の女」であることは競争も大変で、大奥では陰湿ないじめもあったことでしょう。それでいくと「地方の超お金持ちの家」のマダムとなったおちょぼのほうが、よりハッピーな人生だったかもしれません。

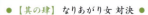

才気煥発

第三場

才に優れ、才に溺れ

千両役者

王朝から明治へ。女流作家のビッグな系譜

其の壱

華麗なる王朝ロマンス絵巻は腐女子の賜物

紫式部

ベストセラー作家 対決

樋口一葉

東京下町少年少女の淡い恋心を鮮烈に描写

紫式部《むらさきしきぶ》は、藤原道《ふじわらのみち》長《なが》の娘、彰子《しょうし》に仕えていた人。

お父さんが越前《えちぜん》の国司に任官したときにすっごく喜んだといいますから、中央の官職にはつけないレベルの中流貴族の出身で、だんなさんもだいぶ年上の、あまりさえない感じの人。だから**彼女自身の人生は決して派手じゃなかった**。むしろ

「地味子」さんだったはずです。そんな彼女の頭の中にあった妄想と願望がぜんぶ『源《げん》氏《じ》物語』に反映されていると思うと、これは相当やばい系です。

主人公の光源氏《ひかるげんじ》は手当たり次第に女の人と関係を持つ。彼は超一流の貴族で、ガチ上級国民。である以上、少しは民の暮らしのことも考えてくれよと思うんだけど、政治的な関心がまるっと抜け落ちていて、頭にあるのはひたすら女性のことばかり。

あるときは母親の面影をしのんで、藤壺《ふじつぼ》の宮のところへ。今でいえばマザコンです。そして紫式部の名前の由来になったヒロイン、紫の上を幼いころから育てて妻にしていますから、現代ならばロリコンとして逮捕確定だ。中でもいちばんびっくりするのは、源典侍《げんないしのすけ》という女性との件。彼女は色好みといわれていて、これは当時、決して「ビッチ」ではなく、むしろ「いい感じ」とされているのですが、その色好みの源典侍が17、8歳の光源氏と関係を結ぶ。で、そのとき彼女は57歳なんですよ。「人生50年時代」の57歳ですから、今の感覚だとかなりのご高齢。つまり**光源氏は、マザコンであり、ロリコンでもあり、超熟女もいける人**だった。そんな彼が主人公で、しかも出てくる話は不倫ばかりですから、日本文化の粋といわれる『源氏物語』は、なかなかすさまじい物語なんです。

ちょっと気になるのは、作中、光源氏が藤壺の宮と関係を持って、それで生まれた皇子が、次の天皇になる。元は皇族といっても光源氏は臣籍降下しているから、その点では一般人なんです。その彼の子が密かに天皇になってしまうというストーリー展開は、これは大変な問題のはず。しかしそこはあまり突っ込まれることなく、教養ある女性たちに「なんて素敵なロマンスなのでしょう」と大ウケにウケて、むさぼり読まれていた。「万世《ばんせい》一系《いっけい》といっても、当時はあまりこだわってなかったの?」と心配になってしまいます。

それはともかく、人間と人間との感情豊かな交わりを描かせるとやっぱり、古典では右に出る者はいない。**日本文学の最高峰である**ということですね。

ひとつ、つけくわえると「玉鬘《たまかずら》」の章に菊池《きくち》という、今の熊本の豪族が出てくるのですが、彼は「でっぷりと太っているのはなかなかいいけど」と描写されます。しかし振る舞いはやはり田舎者だ、と言われてしまうのですが、**おっさんでデブであること自体は、当時むしろイケメンの条件**なんですね。一方、平安美人については「引目《ひきめ》鉤鼻《かぎはな》」という言葉があり、線みたいな目、あるかないかくらいの鼻の人が美しいとされた。そもそも当時の女性は、檜扇《ひおうぎ》という扇で顔を隠していて、**美人の条件は髪の長さと艶**。だから上流階級の女性は生まれてから髪を切ることがなく、洗うのは家来総出で月に一度く

らい。ファブリーズもない時代ですから、お香を焚いて匂いを抑えていた。『源氏物語』の情景を思い描くとき、今どきの美男美女とはかなり違うという、このへんの事情を頭に置いておくと、よりディープに作品の世界観を楽しめるかもしれません。

一方、**樋《ひ》口《ぐち》一《いち》葉《よう》**は**大変な才女で、最高のストーリーテラー**だった。この人は五千円札になっていますが、ご本人は**本当にお金に縁がなく、非常に貧乏**でした。しかも彼女は、ひどい偏頭痛に苦しみ、最期は肺結核を患って、24歳の若さで亡くなってしまいます。そうした一葉について「運命にふりまわされた、かわいそうな人」というイメージはありませんか？　僕なんかは正直、そう思っていました。しかし彼女は運命に対して決して受け身ではない。**前向きに、果敢に闘って生きた人**なんです。

もともと樋口家は、山梨の豊かな農家で、彼女のおじいさんが江戸に出て学問を修めた。父親も勉強をして、東京の士族として役人になる。この人が真面目に働いてくれさえすれば、樋口家がどん底貧困生活に陥ることもなかったのですが、お父さんはいろいろなことに手を出しては、ことごとく失敗してしまいます。

そんな父親ですけど、でも人脈だけはあったんですね。その人脈を駆使して一葉を中《なか》島《じま》歌《うた》子《こ》という人の私塾に通わせる。彼女はそこでめきめき頭角を現すのですが、まずお兄さんが世を去り、そしてお父さんも借金だけを残して亡くなってしまう。一葉のお母さんは昔風の女性で「女に学問なんか要らない」と言っていた人なんだけど、こうなるともう、しっかり娘にぶら下がってくる。若い彼女は「私がお母さんと妹を養う」と決意し、戸主として家を背負って立つことになります。彼女には、そうした強さがあったんです。

一葉には一時、正式に婚約した相手がいた。しかし樋口家が傾いたことが原因で、その婚約を破棄されてしまう。その男は後に検事、やがては県知事にも出世して、一葉とよりを戻そうとしてきたのですが、**「自分を辱めた男なんぞの妻になる気はない」**ときっぱり断った。結婚すれば樋口家のビンボー生活も楽になる。「貧困女子」から脱出できるでしょう。でも一葉にとって大切なのはお金じゃないんだ。プライドを持って、貧乏でいる道を自ら選んだ。そこが彼女のすごいところ、偉いところだと僕なんかは思います。

戸主となった一葉は、先輩に文章を書いてお金を稼いでいる女性がいたのを見て、自分も職業小説家になって収入を得ようと考える。そうして彼女が作品を発表しはじめると「これはすごい才能だ」と、森鷗外や馬場《ばば》孤蝶《こちょう》、島崎藤村《しまざきとうそん》などそうそうたる人たちが彼女に注目し、作品を支持することになります。彼らは一葉の家に集まり、当時、彼女の自宅があたかもサロンのようになった。そうして一葉は後に**「奇跡の14カ月」**と呼ばれる短い期間に、次々と名作を世に送り出していくのですが、しかし彼女は結核に倒れてしまう。軍医だった森鷗外が、当時最高の医者に診せたところ、すでに手遅れだったそうです。

彼女の書いた不朽の名作『たけくらべ』の中に、少女と少年の、恋を知らない人にはとても書けないような描写が出てくるんだよね。だから文学畑のほうでは「彼女が実際に恋をしていたのかどうか」という議論があります。私塾時代に師事した半井桃水《なからいとうすい》と親密だったという話もあるし、後に『一葉全集』を一生懸命校訂した斎藤緑雨《さいとうりょくう》が最後の思い人だったという人もいる。僕としては、そのへんの詮索は野暮かなと思っています。もうちょっと**彼女に時間があればどんな素晴らしい作品を書いたんだろう**。でも24年の短い生涯の間に精一杯闘って、僕たちに不朽の名作を残してくれました。

本郷教授の判定！

樋口一葉		紫式部
森鷗外、島崎藤村ら 文豪を驚かせた奇跡の才能 貧乏でも誇り高く前向き	優	『源氏物語』は各国語にも 翻訳される偉大な作品 宮廷サロンでも人気者に
生涯、貧乏と偏頭痛に 苦しめられる 最期は結核を発症し早世	劣	ライバル清少納言のことは 日記でボロクソ どうやら本人は地味子の腐女子

一葉の勝ち！
ゲホ ゲホ
情けは無用じゃ
樋口さんの勝ちでいいです

どちらも才能豊かな人ですけど、紫式部は日記にこっそり清少納言の悪口を書いたりして、根は「陰キャ」。でも宮廷サロンで名声を得て成功する、とても恵まれた人です。しかし一葉は、才能には恵まれても、本当に不遇だった。それを考えると僕は、どうしても一葉に肩入れしてしまいます。

女子教育の夜明けに大きく貢献した才女

其の弐

同志社女子大学設立に参加したハンサムウーマン

新島八重

女子大 対決

津田梅子

女子のための大学を自力で設立

新島八重《にいじまやえ》のことを語るうえで、絶対に大事なのは、彼女が会津藩の上級武士のお嬢さまだったこと。彼女の生家、山本《やまもと》家は砲術、鉄砲を扱うチームのリーダーで、お兄さんの覚馬《かくま》も非常に優秀な人。そんな家のお嬢さまなので、八重さんは川《かわ》崎尚之助《さきしょうのすけ》という、これまた優秀な人と結婚しています。そこで会津戦争に巻き込まれた。

八重さんはすごく男勝りな性格だったらしく、**髪をばっさり切って鉄砲を持ち、男性と肩を並べて戦った**。スナイパーとして相当頑張って相手を倒したそうです。しかし父も弟も戦死してしまう。大きな犠牲を払いましたが、彼女は会津戦争をくぐり抜けて生き残る。哀れだったのは夫の尚之助で、こちらは官軍の捕虜になり、八重は捕虜になった旦那なんかには見向きもせず、離婚してしまいます。


戦後は兄の覚馬を頼って京都に。そこで出会ったのが兄の友人の新島襄《じょう》でした。後に同志社大学をつくる人です。**八重は彼と再婚**します。新島はキリスト教の信仰を持ち、アメリカに留学した経験もある。それだけに「レディファースト」で、馬車に乗ったときも奥さんを先に降ろし、エスコートする。渡航経験のおかげで一通り自炊もできる。しかし八重は家事がまるでダメだったらしく、**この夫婦は、奥さんは何もせず、旦那が家事をやっていた**。新島は、いわゆる「主夫」の先駆けみたいな人だったのかもしれません。

しかし、そうすると明治の世ですから「ありゃなんだ?」という話になる。あ、それから八重は新島のことを「ジョウ」と呼び捨てにしていたそうです。しかも「ジョウ」のほうはミニマリスト生活系だったのに、八重はファッションにものすごく興味があって、似合うかどうかは別にして洋服もずいぶん持っていた。住み込みのお手伝いさんも雇い、正直、金遣いが荒かった。そういうこともあって、まわりは完全に彼女のことを**「旦那を尻に敷く悪妻」**と見ていたそうです。

当時、新島襄と結びつきが深かった徳富蘇峰《とくとみそほう》は、八重のことを「鵺《ぬえ》のような女」と言っているんですね。どういう意味なんだろう？　似合わない洋服ばかり着ている彼女のことを「一体何者なんだ？」と感じていたのかもしれないです。

でもやっぱり、新島襄は八重を非常に愛していて、手紙に**「彼女はハンサムなんです」**と書き残している。八重が「元祖ハンサムウーマン」と言われるのは、このエピソードが根拠になっています。八重も、同志社女子大学をつくる新島に全面協力して、二人の生活は幸せだったことでしょう。ずっとそのまんま暮らしていければよかったのですが、やがて新島が急逝してしまう。

夫の没後、彼女は同志社からは離れ赤十字に入社、看護婦、今でいう看護師になる。そして日清戦争では、広島の病院で傷ついた人たちを献身的に看病した。看護師の社会的な地位の向上にも一生懸命努力して、政府もそんな彼女の功績を認めて、八重は**皇族以外で初めて、女性として勲章をもらう栄誉**に輝いています。

あるときは若者を育て、あるときは傷ついた人を励ました。プライベートでは、あまり褒められたことはなかったかもですが、そこに力点を置くのは僕は間違いだと思う。だって、旦那が「それでいい」って言っているんだからね。もともとお嬢さま育ちだから、家計の感覚が薄いのも無理はない。それはもう夫婦の間のことをギャースカ言っても始まらなくて、たぶん「ジョウ」にしてみれば、「また女房を貰うときは八重がいい」って言うに違いないわけだから。

維新の元勲たちの中には「女性も教

八重ちゃん
ごはんできたよー
ん
武器いろいろ

育を受けるべきだ」という意識を持った人たちがいた。そのひとり・黒田清隆《くろだきよたか》が、女子をアメリカに留学させるプロジェクトを立ち上げる。しかし当時にしてみれば「生きて帰れないんじゃないか」と思うわけで、なかなか応募がない。結局、応募した人たちはみな旧幕臣や薩長と戦った側の人。朝敵という名を受け、家の名誉を回復するために「すまん、娘、頑張ってくれ」という思いの人たちでした。

その留学メンバーのひとりが**津田梅子《つだうめこ》**。彼女のお父さんの津田仙《せん》も旧幕臣で、後に新島襄、自由と平等を説いた中村正直《なかむらまさなお》とならんで「キリスト教界の三傑」に数えられる教育者になります。メンバーのもうひとりが山川捨松《やまかわすてまつ》。この人は新島八重と同じ会津の出身。さらに永井繁子《ながいしげこ》というこちらも旧幕臣の家の娘がいて、この三人は生涯の親友になります。当時の梅子はまだ6歳で、留学するのは梅子たちと、もう少し年長の女子とあわせて五人。アメリカまで岩倉《いわくら》使節団と同じ船で行く。この女の子たちの部屋に来て遊んでくれたのが「いかにも」な感じで伊藤博文でした。

留学は、梅子にとって素晴らしい体験で、休暇になるとホームステイ先のお父さんやお母さんが、アメリカの観光地に連れていってくれたりした。そうして18歳のときに帰国するのですが、逆にそこからが大変で、まず**日本語がほとんど話せない**。もうひとつ、

Oh・・・
ワタシニ
ケッコンノ
ハナシスンナ
パードゥ〜〜ン？

すっかりアメリカナイズされたスピリットでゴーホームしたものだから、**日本の古い体質がどうしても合わない。**たとえば帰ってきたらみんなに「とりあえず結婚しろ」とか言われるわけです。梅子は、それが嫌で嫌でしょうがなく、よっぽど腹に据えかねたのか**「私の前で結婚の話をしないでください。もうウンザリです」**と書いた手紙が残っています。

そんな女性の社会進出が遅れている環境で、彼女は「自分はなんの職業につけばいいのか」とずいぶん悩んだらしい。結局、実践女子大を創立した下《し》田《も》歌《だうた》子《こ》という人のもとで英語を教えることになるのですが、このときに仲介したのが、誰あろう伊藤博文。ただ、あの女好きの伊藤が梅子には手を出した形跡がない。伊藤も彼女にだけは、いつまでも大切な妹のような気持ちでいたのかもしれないね。

自分が教壇に立ち、あらためて女子教育の必要性を考えた梅子は、もう一度、アメリカに行って勉強します。生物学を学んだのですが、彼女はものすごく優秀な論文を作成して、先生から**「日本に帰らず、研究者として生きたらどうか」**と勧められる。本当はアメリカでの生活のほうが水に合っていたはずですが、しかし彼女は自ら苦難の道を選び、わざわざまた日本に帰ってきます。

そして女学校の創立を目指した。このときアメリカ行きをともにした捨松、繁子の二人の親友（夫はともに軍人のトップ）が一生懸命応援してくれて、ついに、麹町に今の津田塾の前身の学校ができる。この学校の特徴として、いわゆる家政科みたいなものは一切置かず、ものすごく厳しく学問を教えた。そのせいで音を上げて、やめる人が続出したそうです。でも梅子は、厳しい学校の雰囲気を絶対に壊さなかったといわれています。

彼女は**無償で教壇に立ち、女子教育に邁進した**。やがて体を壊し、療養の後、亡くなります。しかし彼女のつくった津田塾の厳しい教育の伝統は今でも生きています。

本郷教授の判定！

津田梅子		新島八重
幼いときにアメリカに留学 アメリカでも研究者として評価される 自力で頑張って大学設立	優	優秀な狙撃兵として戦争に 教育、医療と人々をサポート 民間の女性として初の叙勲
結婚を勧められてウンザリ 津田塾の学風はめちゃくちゃ 厳しかった	劣	捕虜になるような夫は見捨てます 家事は嫌いだけど お洋服を買うのは大好き

どちらも非常に頑張った人ですが、ここは誰にも悪口を言われなかった分だけ、梅子さんの勝ちということになるのかな。あの時代の留学は苦労も多かったことだろうしね。お札にもなるしなあ。

津田梅子の勝ち！

才気溢れる明治の女は初代総理を手玉に取る

其の参

女優として世界的に活躍して恋も満喫

川上貞奴

伊藤博文の女

対決

戸田極子

鹿鳴館の華は今でも美女の代名詞

初代内閣総理大臣・**伊藤博文は大変なスケベ**でした。彼のあだ名は「箒《ほうき》」。その意味は「掃いて捨てるほど女がいるから」。はっきりいって女子ウケ最悪で、女好きという点では、豊臣秀吉とならぶ権力者です。

ただ同じ明治のボスの山県有朋とくらべると、山県がよくいえば親分肌、悪くいえば派閥大好きのラスボスタイプなのに対し、**伊藤は「陰の権力」みたいなことには興味がなく、カラッとしていた**。金払いがよく、かかわった人の面倒もちゃんと見るという単純なところもあります。

彼の奥さんの梅子さんがまた昔風の「よくできた女性」で、伊藤の女の世話まで焼いた。しかし「絶対にかたぎの女性には手を出すな。プロの芸者さんと遊びなさい」とは言っていたそうですね。当時は賢夫人と評されましたけど、今だとぜんぜん共感されないでしょう。

川上貞奴《かわかみさだやっこ》、**戸田極子**《とだきわこ》。二人はそれぞれ、この伊藤と縁が深かった女性です。

貞奴は、もとは日本橋の芸者。日本橋で「奴」がつく名前は格が高く、彼女は将来を嘱望された存在の、いわば日本橋芸者の「次世代センター候補」だった。そうした彼女を伊藤だけではなく、西園寺公望《さいおんじきんもち》とか当時のそうそうたる顔ぶれが推しメン、いや、ひいきにしました。

そして当時まだ若い彼女に、**桃介**《ももすけ》**という青年との運命の出会い**が訪れる。それは初恋のように淡い恋心だったという説もあるし、一足飛びに男女の関係を結んだという説もある。しかし桃介青年は福沢諭吉《ふくざわゆきち》の娘婿になり、若い二人の恋は儚くも終わりを告げるんです。

その後、彼女が結婚した相手が川上音二郎《かわかみおとじろう》。音二郎は訳のわからない情熱を持て余していような人物で、オッペケペー節を唄ったり、落語もやったり、講談もやったりする。しかしどれも続かない。選挙に出てお金を使い果たし、外国を目指して築地からボートで船出したこともある。アッパー系のダメ男なんだな。彼のどこに惚れたのかわからないのだけど、しかし貞奴はそんな彼についていくんですね。ほとんど自殺同然の企てだったのに、幸い淡路島に漂着して、夫婦は一命を取りとめた。

そして音二郎は壮士劇というものをはじめて、アメリカ公演を行うのですが、あるとき、**貞奴は代役として舞台に立ち、これが大ウケにウケた**。今度はパリに乗り込み、ここでもまたドビュッシーやピカソ、ジイドといった、すごい芸術家たちを虜にする。彫刻家のロダンが「あなたをモデルに」と申し込んだのに、彼女がロダンを知らなかったので断ったという話まであるくらい。今でいえば「スピルバーグに映画化を申し込まれたのに、よく知らないから断っちゃった」という感じでしょうか。

貞奴は凱旋帰国し、**日本初の「女優」として押しも押されもせぬ大スター**になった。しかしそこで夫の音二郎が亡くなってしまうのです。彼女は夫のつくった壮士劇を守ろうとするんだけど、やがて福沢桃介と運命的な再会を果たします。すでに十分に

大人になった二人の間で、昔の恋が燃え上がった。まるで物語のような展開ですね。

桃介は福沢家の婿になった後、相場で大当たりをして、現代の「億り人」、いやそれどころではない巨万の富を築き、そのお金で水力発電事業を起業。「電力王」と呼ばれるほどの人物になっていた。彼は木曽川に大井ダムという、今見ても非常に見事なダムをつくるのですが、**貞奴は赤いバイクにまたがり、危険な谷底まで降りて工事現場を励ました**そうです。

彼女はものすごく**「尽くすタイプ」**なんですね。権力者とのコネもあった彼女ですが、そのコネで自分が成功しようとするより、一生懸命パートナーを支えて、助ける。しかも、尽くされた男は大成する。**俗にいう「あげまん」**なんです。ただ桃介が正式に離婚することができなかったために、夫婦になることだけは叶わなかった。

名古屋に、貞奴と桃介が住んだ二葉《ふたば》御殿が残っています。結婚はできなくとも、実質的には夫婦として、幸せな晩年を過ごしたそうです。

伊藤つながりのかたや極子は、岩倉具視《ともみ》の三女。**当時の最高権力者の娘で大変なセレブのお嬢さま**です。この人が岐阜大垣《おおがき》の殿さま・戸田家にお嫁に入り、戸田極子さんになる。戸田家は三河譜代で10万石の家。江戸時代の大垣はものすごく重要な拠点で、しかも譜代で10万石をもらっている大名は、ほとんどいなかった。つまり戸田家は極めて有能で、重要な家でした。

その家に入った極子は**音楽に造詣が深く、非常に外交的な精神の持ち主**だったそうです。鹿鳴館時代、彼女は夜会に洋装で現れ、**「鹿鳴館の華」**といわれるひとりになる。つまり当時の「パリピ」の憧れの的になったわけです。

生粋のお嬢さま。伊藤博文にとっては高嶺の花だったかもしれない。しかも美人。だから、奥さんに「かたぎの女性には手を出すな」と言われていたにもかかわらず「これはたまらん」と、彼女にせまってしまった。しかし未遂に終わったという説も、いや、本懐を遂げたという説もある。遂げたのは鹿鳴館の建物の陰でこっそりという話もあれば、馬車の中で**「日本のカーセックス第一号だった」**と言われることもあります。

いずれにせよ、この事件が新聞に出てしまい、面白おかしく書きたてられて、大変な炎上騒ぎになった。伊藤という権力者が相手のことですか

ら、ネトラレ側、極子さんの旦那は「ちくしょう」と思ったかもしれないけれど、何も言えなかった。一方、伊藤のほうは、相当やましい気持ちからか、その旦那をウィーンの総領事に抜擢しています。

当時、外交官のトップ、いちばん権限の大きかったのが総領事なのですが、まだその席は少ない。その中でもウィーンの総領事は相当に格が高かった。このとき極子も、総領事夫人としてウィーンに行く。今でいえば**炎上から身をかわすために外国に行って、スキャンダルの熱がおさまるのを待とう**という気持ちがあったのかもしれないね。

ウィーンは音楽の都。音楽に造詣が深かった極子は、ウィーンの暮らしにうまく根づいたことでしょう。戸田の一族からはその後、戸田悦子《えつこ》さんというピアニストが出て、その方がスウェーデンの人と結婚して生まれたお子さん、長男と次男が、ウィーン・フィルの団員として在籍しています。すごい！　三人目の男の子もピアニストになって、その三人でトリオ（ヘーデンボルク・トリオ）を組んで戸田家のお城のある大垣に行って、コンサートを開いたそうです。言ってみれば、戸田極子さんと伊藤博文のスキャンダルのおかげで、ウィーン・フィルと日本とのつながりが深くなった。歴史の縁というものの不思議さですね。

本郷教授の判定！

戸田極子		川上貞奴
とにかく美女の誉れ高し 後に親族が ウィーン・フィルで大成功	優	才色兼備、女優として欧米で大成功 若き日の思い人と 晩年はラブラブに暮らす
あらぬカーセックス説に 翻弄される	劣	実家が没落し水商売の道に 最初の結婚相手は破産寸前に 大好きな桃介と正式には結婚できず

考えてみれば二人とも、伊藤を踏み台にして、最後はちゃんと幸せになっている。そんなわけで、この対決は引き分けでしょうね。

引き分け

もはやタレント？　歴史が生んだスター

其の肆

名プロデューサーにして本格アーティスト 出雲阿国

華麗なる舞台 対決

松井須磨子 国民的歌手第一号は整形美人？

歌舞伎の創始者とされる**出雲阿国**《いずものおくに》ですが、実際に何者だったのか、わからないことが多いんです。

もともと、ややこ踊りというものをやっていたらしい。それが基本にあって、歌舞伎踊りをはじめた。ややこ踊り・歌舞伎踊りは、ある種、倒錯的な世界で、阿国さんが男を演じ、パートナーの男性が女を演じるんです。源義経の愛人だった静《しずか》御前は白拍子でした。この白拍子も男装をして踊る。今でいうと、宝塚歌劇団の男役のような感じですね。伝統的に**「男の格好をした女性に男がときめく」**という分野があるのかな。阿国さんも刀を持っている姿で、絵が残っています。

その彼女に関わってくるのが名古屋山三郎《なごやさんさぶろう》という人。元は蒲生氏郷《がもううじさと》に仕え、そして次に森蘭丸の弟の森忠政《もりただまさ》に仕官したとされています。彼は当時の人気者で、人々の噂に名高い美少年でした。もしそのころにananのような雑誌があったら、上半身ハダカで表紙を飾っていたことでしょう。ただ美少年といっても「槍の山三郎」という二つ名を持っていたくらいで、シュッとしたハンサムではない。当時のイケメン基準として、やはりガチムチ系だったはずです。いや、やせマッチョか。

阿国の舞台では、恐らく能の影響を受けてのことだと思うのですが、この山三郎の霊が出てくる。彼女が男装をして山三郎を名乗るんです。そこから、名古屋山三郎は阿国を妻としていたなんて話も出てくるのですが、もはや伝説の類でよくわからない。

阿国は江戸幕府ができたころに、京都を舞台にして活動をしていたらしい。もともと出雲の巫女だったという伝承もあります。当時の巫女さんに「歩き巫女（虎御前の項参照）」という職業がありました。全国を放浪して、色々な場所で神さまの話をしたり、歌ったり踊ったり、お金を弾んでもらえば夜のお相手もする、という巫女さんです。夜の相手というと**「巫女さんがそんなことをして⁉」**と思われるかもしれませんが、**性を売る人に差別的な感覚が出てくるのは、実は江戸時代以降**のことなんです。

日本にはもともと性病の梅毒はなかったのですが、戦国時代にヨーロッパ人から持ち込まれた。それで性を売る人は、一歩間違えると死ととなり合わせの世界で生きるようになってしまったんです。それに、こうした病気になれば見た目も急に衰える。結果、遊女は、江戸時代のファッションリーダー、今なら超人気のインスタグラマーという面はありましたけど、その一方で、日陰者的に差別される面も出てきたのです。

しかし梅毒が入ってくる前は、性交渉をもったことで死に至るような病気になることはほとんどなかったわけです。だから**性がタブー視されることもなくおおらかで明るい。**遊女だったり、性を売り物にしている女性も、ちゃんと社会的に認知された存在でした。

阿国さんもまた、そういう人のひとりだったのかもしれない。そうした人が男装の麗人として、歌舞伎踊りをはじめて、それをまたひっくり返した野郎歌舞伎というものが出てきて、恐らくこれが現在の歌舞伎に通じていく。阿国にはあまり史料が残っていないがために、かえって空想の世界で活躍するようになっていきます。

一方の、**松井須磨子**《まついすまこ》。この人は大正時代の女優さんでした。女優でしたが、何といっても『カチューシャの唄』を歌った人として有名です。後に、美空ひばりさん、山口百恵さん、松田聖子さん、安室奈美恵さんと、さまざまな「国民的歌手」の女性が現れてきますけど、そのいちばん最初の歌い手が彼女だった。

もともと須磨子は、ふつうの家に生まれて、ふつうに演技の道に入った人です。しかし最初、女優になろうとしてオーディションを受けたところ**「あなたは鼻が低いからダメ」**と蹴られてしまった。そこで詰め物を入れる手術をし

て、鼻を高くしたといわれています。当時からすでに美容整形の技術があったんですね。しかし、今と比べるとやはり雑な手術だったらしく、時々、調子が悪くてものすごく痛んだり、鼻の形が崩れちゃったりした。そんなときは**一生懸命、鼻を自分で押さえていた**そうです。今でも「整形というのは派手にやるとずっとやり続けることになり、メンテナンスが大変だ」みたいな話がありますよね。当時は、もっと大変だったんだろうな。

ただ整形した結果、彼女は坪内逍遥《つぼうちしょうよう》と島村抱月《しまむらほうげつ》が主宰していた文芸協会に所属し、舞台に上がるようになる。そこで彼女は島村抱月と不倫関係に陥ります。いつの時代もエライさんは手が早いのかな。それくらいエネルギッシュじゃないとエラくなれないんですね。逍遥と抱月はやがて袂を分かち、抱月は自分の劇団、芸術座を旗揚げするのですが、須磨子は彼のもとに走ります。芸術座の舞台に立った彼女は、トルストイの『復活』のカチューシャ役で大成功し、須磨子の歌う劇中歌『カチューシャの唄』はレコード化されて、後世のミリオン、いや**ダブルミリオンくらいの大ヒット**となりました。

歌は全国に流れ、彼女の名前は一躍有名に！　その意味で彼女は、**国民的歌手の第一号**となったわけです。しかし師であり恋人だった抱月がスペイン風邪で亡くなり、須磨子も後を追って自殺してしまいます。まだ三十代の前半でした。

須磨子が大人気になったことの前提として、「女義太夫《おんなぎだゆう》」の存在も知っておいたほうがいいのかもしれない。女性が、三味線を弾いて義太夫節を教えて生計を立てる。夏目漱石《なつめそうせき》の小説なんかにも出てきますけれども、そういう女性たちが江戸時代からいた。彼女たちは、今でいえばアイドルのような存在で、書生さんなんかは皆、見に行ったそうです。

女性が歌い、それで生計を立てることが行われていた。そんな彼女たちの歌の積み重ねが市民権を得て、それが現代の歌、歌謡というのに繋がっていくのかな、という気がします。

本郷教授の判定！

松井須磨子		出雲阿国
『カチューシャの唄』が当時の国民的大ヒットに舞台女優としても活躍	優	歌舞伎の創始者といわれる演出家、プロデューサーとしても優れた才能を発揮
整形手術の後遺症に苦しむ島村抱月との関係がスキャンダルに最期は自殺してしまう	劣	その正体は、よくわからない名古屋山三郎との関係も実態は不明

こっちはお鼻のメンテナンスしなくちゃ〜
歌舞伎座も立派になったなあ

松井須磨子さんは自殺してしまう。とても可哀想で応援してあげたい気持ちはあるのですが、現在の歌舞伎の隆盛を見ると、始祖ともいえる阿国の勝ちにせざるを得ないかな。

阿国の勝ち！

執着愛染

第四場

恋に走って愛に生きて

我中無夢

私の彼は王子さま。二人のプリンスに愛されました

其の壱

額田王

皇子と皇子と私の三角関係を歌います

二股歌人 対決

和泉式部

親王たちを骨抜きにした才能あふれる歌人

まずおひとりは、**額田《ぬかたの》王《おおきみ》**。この人は、大海人皇子と交わした歌で知られています。大海人皇子とは、後に天武天皇になる人ですね。額田王は、もともとこの大海人皇子と結ばれていて、十市皇女《とおちのひめみこ》という女の子をもうけている。だけどその後、彼女は天智天皇の愛を受けるんです。天智天皇とは、もとはあの中大兄皇子。

大海人皇子のお兄さんです。この、ちょっとドキドキしてしまう関係については、『万葉集』に有名な歌が残っています。

あかねさす紫野行き標野行き野守は見ずや君が袖振る

「私は今は天智天皇の奥さんの一人になったわけだけど、いまだにあなたのことを思っています」と、額田王が大海人皇子に歌えば、大海人皇子も

紫草のにほへる妹を憎くあらば人妻ゆゑにわれ恋ひめやも

「人妻になっても私はあなたのことを愛していますよ」と返す。しかもそれを天智天皇の目の前でやるわけです。今の感覚だと、なにか……妖しく昂ぶる気配がありますけど、もともと古《いにしえ》の日本の偉い人たちの恋愛はすごく、おおらかだった。だから、あんまりギスギスしていなかったんじゃないかな。

みんなに愛される絶世の美人。ただ実は……**彼女が美人だったかどうか、まったく定かではない**んです。「おおきみ」というだけに、皇族に列する人なんだろうといわれているのですが、正直なところ、どれほどの方なのかもよくわからない。また、生まれた場所も滋賀県説や、奈良県説などもあって、よくわからない。つまり額田王という人は、

歴史学的には、ディテールをほとんど押さえることができない人なんです。

事実としては、天智天皇と額田王の間には子どもができなかった。だから天智天皇が亡くなった後、別の女性との息子、大友皇子《おおとものおうじ》が後継者となる。この大友皇子と、額田王の娘・十市皇女は兄と妹にあたるわけですが、結婚しています。しかしそこで壬申《じんしん》の乱が起きて、大友皇子と大海人皇子が交戦する。一説によるとこのとき、額田王のお父さんが参加して戦死しているそうです。この戦いの結果、大海人皇子が勝利して即位、天武天皇となる。日本の国を引っ張るリーダーとなったわけです。

しかし、じゃあもし本当に額田王をずっと愛していたのならば、そこでまた愛が復活する展開になるはずだろうと思うのですが、そんな話は出てこない。どうなんでしょうか。すでにもう歳をとってしまっていたから、もはや天武天皇からのお呼びがなかったとは、あんまり考えたくないですね。

額田王が、絶世の美人だったという伝説がつくられたのは実は江戸時代。しかも、後半になってからです。本当のところ、彼女がどんな女性だったのか、ほとんど幻のようなところがあります。その意味では、あくまで**古代へのロマンの中で語られる人**でした。

しかし現代でもロマンは人の心をとらえるようで、うかつに「額田王って本当は、どん

な人かよくわかんないんですよ」といってしまうと顰蹙を買う。そのくらい、ロマンをかき立てる存在であるみたいです。

和泉式部《いずみしきぶ》もまた、二人の皇子に愛された人です。この人の歌が、僕は非常に好きなんですよ。

暗きより暗き道にぞ入りぬべき遥かに照らせ山の端の月

この叙情のあり方はただごとじゃないな、と思う。

和泉式部は国司、今でいえば県知事のお嬢さんとして生まれる。最初の夫は橘道貞《たちばなのみちさだ》。この人も国司ですから、家柄のバランスのとれた夫婦でした。二人の間には、女の子が生まれ、後に小式部内侍《こしきぶのないし》、ちっちゃい式部と呼ばれるようになります。この人も非常に才能豊かな歌人でした。

橘道貞が和泉守《いずみのかみ》、今ならば大阪府知事といった官職について任地に下向するときに、和泉式部もついていく。彼女が「和泉式部」と名乗ったのは、元の夫が和泉守だから和泉。式部とは、おそらくお父さんが以前、式部省でなにか官職を持っていたということで、このふたつをくっつけて「和泉式部」となった。そういう話になっているようです。

当時の国司の任期は四年。しかし、任期を終えて京都に帰ってくるころには、どうもこの二人はうまくいかなくなっていたらしく、別居していた。

そこにあらわれたのが、冷泉《れいぜい》天皇の第三皇子である為尊親王《ためたかしんのう》です。この親王が和泉式部に入れあげて、二人は男女の関係になってしまった。県知事の娘さんと皇族。現代ならばどうでしょうか。当時この恋は**「身分違いの恋」ということで、スキャンダル**になりました。和泉式部のお父さんが「あまりにもよろしくない」と、娘を勘当したという話もあります。男女の仲については極めてユルユルというか、どんなことでもウエルカム、全然オーケーだったはずの平安時代でも、二人の関係は身分違いとして非難された。この点が面白いと思います。

ただし為尊親王は、わりと若くして亡くなってしまう。そうしたら和泉式部はまた、為尊親王と同母兄弟の敦道親王《あつみちしんのう》と恋愛関係になった。この敦道親王との間には男の子が一人生まれているのですが、こちらはお坊さんになって、子孫は残さないという体裁になったみたいですね。

親王二人に愛されたということで、**和泉式部はずいぶんと恋愛上手である**といわれます。といっても、ニュアンス的にはあまりよくなくて**「浮かれ女」**と呼ばれた。藤原道長による和泉式部評として〝浮ついた女みたいな〟、そんな言葉が残っています。今風にいうと「ビッチ」とい

うことになるのでしょうか。だけどそういいながら、道長は自分のいちばん大事な娘、一条《いちじょう》天皇のお后の彰子に仕える女官として、和泉式部をスカウトしています。女官の同僚には紫式部もいましたから「競演」ですね。

和泉式部は紫式部をどう見ていたのかな。妄想タイプの紫式部に対して、みずからが恋愛上手だった和泉式部は「あなた、創作は上手だけど、リアルの恋の道は全然オクテよね」とか思っていたかもしれませんね。

和泉式部はその後、藤原道長の側近の一人、藤原保昌《やすまさ》という、貴族なのに武芸の達人だった人と結婚するのですが、二人の間に子どもはいませんでした。だから血縁というと、最初の結婚のときに生まれた小式部内侍と、お坊さんになった、親王の息子さんしかいなかった。お母さんとしては、特に娘を頼りにもし、かわいがっていた。小式部内侍はお母さんに先立って亡くなってしまうのですが、そのころに和泉式部が詠んだ歌に非常に胸を打つものが多い。やっぱり、和泉式部は**気持ちの豊かな人**だったんだろうね。

本郷教授の判定！

和泉式部		額田王
日本文学史上屈指の才能で、娘も才能豊かな歌人 恋愛上手の恋多き女性だった	優	天智＆天武、超大物ブラザーズに愛された 彼女の恋は伝説の王朝ロマンスに
恋が多すぎて、あのパリピぞろいのユルユル貴族社会でさえも浮かれ女扱いされてしまった	劣	実はどんな人だったかよくわからない 本当に天武天皇はずっと彼女を想ってた？

あーツラッ モテ過ぎて 困るわぁ
チラッ
ただのヤリ●ンだろ

二人とも恋に生きた情熱家、そしてとても才能豊かな芸術家ですけど、額田王はあまりにも実体がなくて霧の中にいる人みたいだから、ここは和泉式部の勝ちにしておきたいですね。

和泉式部の勝ち！

文春砲間違いなし、恋と権力の大ゴシップ

其の弐

スキャンダル対決

孝謙天皇

愛しいお坊さまを天皇にしちゃいたい

対決

藤原高子

恋に走った少女は哀れ鬼の餌食に

歴史上、女帝は何人かいらっしゃるのですが、奈良時代の場合、だいたい息子であったり、兄弟であったりの本命候補がいて、その彼がまだ幼いときに、いわば中継ぎ役として女性が天皇になる。だから、藤原氏が政治の実権を握る平安時代になると、女性の天皇が出なくなるんです。天皇の地位に実権が伴わなくなっ

たので、なにも女性が身体を張ってまで頑張ってキープする必要もなくなってしまった。

そうした中、この**孝謙天皇**《こうけん》は大仏開眼をやった聖武天皇《しょうむ》の子。**女性でありながらちゃんと皇太子になって、最初から本命として天皇に即位した唯一無二の人**です。孝謙天皇は、お父さんの期待に沿うような形で立派に天皇としての役割を果たしていきます。そんな彼女を公私ともにパートナーとなって補佐したのが藤原仲麻呂《ふじわらのなかまろ》。孝謙天皇のお母さんも藤原氏ですが、当時、藤原氏のリーダーが仲麻呂で、極めて優秀な人でした。

ところが、帝位を退き上皇になり、もはや後半に差し掛かった彼女の人生に、道鏡《どうきょう》という男が現れる。道鏡は「どこの馬の骨かわからない」とまでは言わないですが、有力な貴族の息子とかではまったくない。病気になった彼女を診て、治したお坊さんです。もしかすると摩訶不思議なパワーを持った祈祷僧系のお坊さんだったのではないかと考えられます。年齢はおそらくもう40歳を過ぎていた。この道鏡に、孝謙天皇はメロメロになってしまうんです。そんでもって女帝の寵愛を奪われた仲麻呂は反乱を起こし、死ぬ。

いわば、**老いらくの恋**。しかし権力者がお祈り系の人に心を開く事例は、歴史上わりとよくあるんです。有名なのはロシアの宮廷に取り入った怪僧ラスプーチンですね。彼には、すごく立派なモノを持っていたという説がありますが、道鏡にも同じような伝説があります。孝謙天皇は箱入りの超お嬢さまですから、そんなことで夢中になってしまうこともあったかもしれない。彼女はついに**「道鏡を天皇にしよう」**ということまで考えた。

ここで宇佐《うさ》八幡宮から「道鏡を天皇にしてはどうか」とのご神託が出てきます。宇佐八幡というのは妙な神さまで、お父さんの聖武天皇が「大仏を造ろう」と言ったときにも、「とてもいい考えです。お手伝いします」と言い出したりしています。当時、孝謙天皇は復位して称徳《しょうとく》天皇になっていましたが、このときも称徳天皇の希望を汲み取ったようなお告げを出していますから、宇佐の神さま、あるいはその周囲はどうも忖度が得意なんですね。

しかし「皇族でもなんでもない人が突然、天皇になるなんてあっていいのか」と思った朝廷は、和気清麻呂《わけのきよまろ》という人を派遣して宇佐の真意を確かめる。このとき道鏡は、出張に出る清麻呂にたくさんの贈り物を贈ったそうです。しかし大和《やまと》に戻ってきた清麻呂は、「天皇の位は他にない尊いものである。一般人がつくなんて、絶対ダメだと宇佐八幡は仰せです」と報告した。前の神託はニセモノで、真意はこっち！　というわけ。怒った称徳天皇は、清麻呂を別部穢麻呂《わけべのきたなまろ》という名前に改名させちゃった。しかしそういうことで、道鏡が天皇になる企ては、ここでオジャンになる。やがて称徳天皇が亡くなってしまうと、後ろ盾を失くした道鏡は失脚します。

この経緯を古代の政治史としてどう捉えたらいいのか。さほど考察が進んでいません。ただ、僕はいつも不思議に思うのですが、**女性が権力を持とうとすると、それと引き換えに処女性を強要されるのは、なにか不自然な気がする。**権力を握った男性が5人くらい側室を持つことはごくふつうなのに、権力者の女性が愛人を持つと醜聞のように言われる。孝謙天皇がひとりの女性として道鏡を愛してしまうことも、僕はアリだったと思う。彼女には、亡くなるときまで愛した男がそばにいた。そのことは幸せだったと思います。

こちらの**藤原高子《ふじわらのたかいこ》**は、藤原北家の超お嬢さまです。『伊勢物語』に描かれていることが、歴史的事実を反映していると理解していいならば、「昔、男ありけり」の男――在原業平《ありわらのなりひら》がモデルだといわれています――と高子さんは、**若いころ駆け落ちのような形で京都を逃げ出し**、そして大阪辺りまで来たときに、出現した鬼に高子は食べられてしまう。実際には藤原氏から追手が放たれて、彼女は奪い返されてしまったということなのかな。業平は思い人を失って、傷ついた心で関東へ下っていくという話になっていくわけです。

この『伊勢物語』の記述が、どこまで事実と合致していたのか、今のところわかりません。歴史が語る藤原高子は、この後、清和《せいわ》天皇の妃になります。

藤原北家の権力を完全なものにするためには、なんとしても天皇の嫁に北家の人間を送り込まなければいけない。それには、清和天皇に年恰好がふさわしい女性がいればいいということになる。しかし当時、なかなかぴったりのお相手がいなかった。それで高子が無理矢理、送り込まれるわけですが、実に10歳近く、天皇の方が年下でした。しかもどうもこの清和天皇、あんまり評判がよろしくない。後にこの人から出た清和源氏が有名になりますけれども、ご本人はそんなに名君では、どうやらなかったらしい。

10歳近く年下、しかも頼りないとなると、高子さんは幸せになれたんだろうか。この二人の間に生まれたのが陽成《ようぜい》天皇なのですが、こちらは本当にとんでもない天皇で、はっきりいってしまうと暴君であったわけです。遺伝というものを考えると、やっぱり清和天皇もちょっと問題のある人だったのかもしれません。

　しかしそこで高子がすごいなと思うのは、若いときにはイケメンで有名な業平と恋に落ち、**すべてを捨てて駆け落ちまでした人だったのが、嘘のように権力の鬼になる**んです。要するに

藤原の家を背負って、兄である藤原基経《もとつね》と二人三脚で自分の権力を築き上げていくんですね。もうね、「女の人は色んな側面を持っているんだな」と思わざるを得ない。その様というのは「母は強し」という言葉とはまた違う感じで、僕ら弱っちい男からしたら「おっかねーな」と思うぐらいの感じです。**暴君の子どもをつくってしまって、それでも権力に向かってひた走っているところなんかは、鬼気迫る**ものがあります。

そういう人ですけれども、その生き方を幸せっていえるのかどうかは難しいところですね。「どんな名誉をもらっても、どんな権力を握っても本当の愛がなければ不幸なんじゃないか」とか建て前を述べてしまうのが我々下々《しもじも》ですが（どこのハリウッド映画かっつーの）、**しかし権力の味は、そういうものじゃないのかもしれない。とんでもなくおいしく甘いのかもしれない。**

高子さんは不倫問題も起こしているわけですが、権力を握ってしまえばなんでもやりたい放題。たとえば男の人と関係を持っても、面倒くさくなったら後で口を封じればいい。そういうこともあり得たかもしれません。

昔、女ありけり。「かつてイケメンと恋に落ちて駆け落ちしたウブい高子さんは、また違う女になって歴史の舞台に現れた」。そういう恐いお話です。

本郷教授の判定！

藤原高子		孝謙天皇
モテモテ男の在原業平と恋に落ちた説 藤原北家を背負って権力に向かってひた走る	優	藤原仲麻呂と二人三脚で治世に実績 晩年、本当の恋を知り、愛に生きる
『伊勢物語』の中では鬼に食べられて駆け落ち失敗 息子は暴君になってしまう	劣	祈祷僧の道鏡を天皇にしてしまうところだった 嫌いな人に変な名前をつける癖がある

この勝負は難しいですね。恋か、権力か。もし仮に、立派なモノに癒やされることがあったとしても、それもまた自然のことです。その意味では孝謙天皇は恋をして、癒やされただろうなと思います。よかった、よかった。

恋は異なもの、死ぬまで現役

其の参

江島

ちょいと歌舞伎見物のつもりが大事件

老いらくの恋　対決

藤原薬子

兄者とともに天皇を操った魅惑の美魔女

江島《えじま》は江戸城の大奥で、徳川六代将軍家宣《いえのぶ》の側室・月光院《げっこういん》に仕えていた女性です。月光院は側室ながら、七代将軍家継《いえつぐ》を生んだ人。だから当時の大奥で、いちばん大きな力を持っていたといっても過言ではない。江島はその月光院の「右腕的存在」だった実力者ですが、**「江島生島事件」という大スキャンダル**に巻

き込まれ、失脚してしまいます。
彼女は大奥で「年寄」という役職についていた。これはもちろん、年をとっているという意味じゃありません。幕府の「表」、つまり男社会でも、いちばん力を持っているのが「老中」という役職でしたが、要するに**年をとっているという表現が、高い地位を意味する**。だから「年寄」だったということは、江島は相当偉かった。そんな偉い人だったのなら、立派な家のお姫さまだったのかと思いきや、生まれはそれほどではないんです。いわば「家柄ロンダリング」で、旗本の白井《しらい》家にいったん養女に入って形を整えなきゃいけないぐらいだった。だから彼女は生まれ育ちではなく、自分の才能だけでのし上がったわけです。よっぽど才覚のある女性だったのでしょう。

しかしこの江島が、七代将軍家継の時代に失脚します。大奥の女性は、基本的に江戸城を出ることができず、唯一合法的に外に出られる機会が法事なんです。江島は、月光院の名代として前の将軍の法事に出たのですが、滞りなく法事が終わった後に、真っすぐ江戸城に帰らなかった。歌舞伎役者である生島新五郎《いくしましんごろう》の芝居を観て、さらに芝居が跳ねた後、新五郎を呼んで、お酒やご馳走で盛り上がった。そのため彼女は、江戸城の「門限」に大幅に遅れてしまった。そこで江戸城の「表」の男たちが動いて大問題へと発展したのです。

一時は、江島を死刑にという話も出たのですが、月光院が嘆願し、結局は大奥を追放、桜の名所である高遠《たかとお》（現在の長野県伊那市高遠町）というところに流されることになった。このとき、江島は33歳だったといわれています。可哀想なのは彼女を養女に迎えた白井家で家を継いでいた義理の兄で、江島が起こした事件の責任を問われて斬首されています。

ただ**江島本人はこの事件についてなにも語っていない**。だから新五郎となにがあったのか、本当のところはわからない。

それがなんでこんなに大きな問題になったかというと、ひとつには、**事件の背後に大奥の派閥抗争があった**という説がある。身分はそんなに高くないが将軍の子どもを生んでいる月光院。一方、子どもは生んでいないが貴族のお嬢さんで正室の天英院《てんえいいん》。**両者の勢力争いがあり、天英院派が事件を大げさにでっちあげて、月光院軍団ナンバー2の江島をハメたという説**です。

もうひとつは、**幕府の表側が動いたとする説**。当時の老中たちが大奥の乱れについて苦々しく思っており、そこに江島が生島新五郎と会って刻限までに帰ってこられなかったという事件が起きたので、ここぞとばかりに責め立てたという話。

背後にどういう事情があったのか、本当のところはわからない。ただ、30代前半の女性が、男と関係を持つことが罪になるようでは、やっぱり大奥はちょっと歪《いびつ》な世界ですよね。そんな世界では、変な事件が起きてもしようがないのかな。

高遠に流された江島は、行動の自由を奪われて非人間的な扱いを受ける。しかし彼女はまことに模範的で、自分に厳しい生活を送っていたそうです。老齢になってやっと罪を許されるのですが、高遠の地では江島さんにお願いして、娘たちに行儀作法なんかを教えてもらっていたという話が残っています。

かたや、**藤原薬子**《ふじわらのくすこ》のお父さんは中納言・藤原種継《たねつぐ》。彼女は当時でいえば上流貴族の一員に数えられる家のお嬢さんだった。で、見合った旦那と結婚して5人の子どもを生む。男の子が3人、女の子が2人。この女の子のひとりが、まだ小さいうちに安殿親王の妃《あて》になったのですが、娘を助けるためについていった薬子を、なんと**この親王が見初めてしまう**のです。

さすがに安殿親王の父・桓武《かんむ》天皇が「それはいかん」と激怒して、薬子と親王の仲は一度、裂かれてしまいます。が、桓武天皇が亡くなって、安殿親王が51代平城《へいぜい》天皇になると、律儀というか、よっぽど好きだったのか、薬子を呼び寄せ、典侍《ないしのすけ》という、実質的に天皇のそば近く仕える女性を統括する立場に任じます。そうして、思い切り寵愛した。

「娘婿である天皇と、義母が男女の関係になっちゃった」という話だから、当時の貴族たちも「いかがなものか」と思ったことでしょう。

薬子は、いつの生まれかわからない。しかし平城天皇の寵愛を受けていたときは、すでにアラフォーだったようです。今であれば全然アリかもしれませんが、当時の40歳というのはすでにお婆ちゃんの域。それでも娘よりも愛されるとは、相当の**美魔女**だったのでしょうね。いや、平城天皇が、なかなかの**マニア**だったのか。

そんな薬子は、兄の藤原仲成《なかなり》と一緒になって、平城天皇を操ったともいわれます。平城天皇は位を弟の嵯峨《さが》天皇に譲って上皇となり、奈良の旧都へ帰る。もともと長く奈良にあった朝廷を、桓武天皇が平安京を築き京都に引っ越した。平城上皇は、それをよしとせず奈良に戻ったのですが、やがて「もう一度、自分が天皇になりたい」と考えて、奈良の上皇と京都の嵯峨天皇との間に、小規模ながら争いが起きる。

その争いに薬子がどこまで関与したのか、いろんなことがいわれています。が、正直、そこはよくわからない。ただ、嵯峨天皇は非常に「前に出るタイプ」の方なのですが、平城上皇はわりと大人しい人で、あんまり権力欲が強いという感じではない。「そんな人が、なんでまた弟と争いを」と考えると、これはどうも薬子が悪いんじゃないかという話になって、この戦いは、つい最近までふつうに**「薬子の変」**と呼ばれていました。ただその後の研究でやっぱり平城上皇が主体である、ということで、今では「平城上皇の変」と呼ぶようになっています。

ともかく、そうして平城上皇と嵯峨天皇との間に争いが起きて、上皇が敗れる。平城上皇は頭を丸めて平城京に謹慎し、兄の仲成は死刑に。薬子もまた、毒を仰いで自殺してしまいます。このころの女性が死刑になることは、ほとんどない、というのは表向きで、裏ではどういうことがあるかわからない。天皇を巻き込んだ騒乱の黒幕ということになると、めちゃくちゃ罪が重いわけです。だから生かしておいてはもらえないだろう……そう考え、彼女が自ら死を選んだ気持ちはよくわかります。

この騒乱の後、保元の乱が起こるまで、平安京では長く戦いがなく、平和で穏やかな時代が続く。違う言い方をすると、**文化的ではあるが、ぬるま湯の時代が続く**ことになります。

本郷教授の判定！

藤原薬子		江島
娘婿に寵愛を受けてしまう美魔女ぶり	優	大奥で頭角を現した実力者 流刑後は厳しい模範的な生活を送る
親王との熱愛を天皇に怒られる 騒乱の黒幕として毒を仰いで自害	劣	楽しい合コンに時間を忘れ、門限に大遅刻 養子に入った恩ある家まで断絶に

勝負なし！

△

これはどちらの勝ちでしょうね。江島が本当に生島新五郎と思うとおりにできたのかというとわからない。はっきり寵愛を受けていたのは薬子ですが、こちらの最期は自殺に終わっています。これはノーコンテストということでいきたいと思います。

オンリーワンかと思ったらライバルどっさり

其の肆

静御前

没落した恋人への愛を貫いた男装の舞姫

勘違い女 対決

お龍

惚れた男のためなら全裸もなんのその！

ここでいう勘違いとは**「カレの寵愛を一身に受けていると思ったら、いや、そうでもなかった」みたいな**、そういう勘違いでございます。

静《しずか》**御**《ご》**前**《ぜん》は、源義経の思い人として非常に有名です。ただ、源義経の奥さんは何人かいて、正妻は埼玉県川越あたりの有力な御家人だった河越《かわごえ》重《しげ》頼《より》の娘。名前は郷《さと》御前。義経が最期に奥州の平泉まで連れていったのは実はこの人で、亡くなるときも一緒だった。ということは**「義経にとっていちばん大切なのは郷御前だったんじゃね？」**という気がします。真実は義経本人にしか、わからないのですが。

静御前の職業は歌舞を演じる白拍子でした。母親の磯野《いその》禅師も白拍子ですから、静御前はきっと、子どものころから芸をたたき込まれてきたのでしょう。何度かふれましたが、彼女たちは、冠をかぶって太刀を佩《は》いて、つまり男装をして歌ったり踊ったりする職業。今でいえば、宝塚の男役の感じかもしれません。しかし、ただの踊り子ではなく位の高い貴族や、さらには上皇すらも彼女たちを愛好する。だから白拍子は生まれ育ちとかまったく関係なしに、**身分の高い男性にとっての「会いにいけるアイドル」だったわけ**。夜伽をつとめたり、愛人になったりするという、すごく特殊な存在でした。

静御前がどこで生まれたのか、そうしたことはまったくわからない。しかしおそらく京都で義経とめぐり会い、愛人になった。「二人を引き合わせたのは、後白河法皇」という説もあります。義経は、それほど後白河法皇にかわいがられたのですが、それが結局、兄の頼朝の怒りを買ってしまう。結果、義経はすべてを失って逃げ回ることになります。静御前も彼についていくのですが、やがて吉野の山で「おまえはここに残れ」と告げられる。

これが二人の永遠の別れとなりました。しかし正妻の郷御前のほうは、男の姿に身をやつして義経についていくわけですから、そうすると、酷ですが「義経は運命をともにする女としては、静ではなく郷を選んだ」といえるのかもしれない。

結局、静御前は捕縛されて鎌倉に連れてこられる。そこで頼朝に、鶴岡八幡宮で行われる神事で舞を舞ってくれと頼まれます。彼女は心ならずも引き受けるのですが、

しづやしづしづのおだまき繰り返し昔を今になすよしもがな

「しずの布を織る麻糸を巻いたおだまきから糸が繰り出されるように、たえず繰り返し、昔を今にする方法があったなら」と、その一世一代の晴れ舞台で、堂々と義経との愛を歌い上げた。怒った頼朝を北条政子がとりなしますが、やはり頼朝はそれだけでは済まない人物。このとき実は静御前のお腹には義経の子がいたのですが、頼朝は、生まれたのが女子であれば育てていいが、**男の子だったら殺さざるを得ないと言い放つ**。で、生まれたのは男の子で、本当に由比ヶ浜に捨てられて殺されています。

静御前は大変な悲しみに暮れたことでしょう。それからの彼女は歴史の表舞台から消えてしまった。義経は衣川で炎につつまれて死んでいくのですが、そのときに隣にいたのは

義経があ〜
本当に愛したのはぁ
ワタシだけなんだからぁ

郷御前なわけです。静御前はもう昔の男のことは忘れて、新しい恋を見つけて、幸せな人生を送ってくれればいいのにと僕は思うのですが、世の男の願望としては、それは許さないのでしょうね。幾つか彼女の最期を語っている文献もあるのですが、やはりみんな静が若くして亡くなったとしています。

お龍《りょう》さんのほうは、坂本龍馬の妻として有名です。龍馬という人は、やっぱり相当モテたみたいですね。お龍さんは「龍馬は私だけのもの」と考えていたかもしれないけど、そう思っている女性は、ほかにもいたようです。

龍馬の初恋の人だといわれているのは平井加尾《ひらいかお》さん。これは土佐藩の、龍馬とは思想的に近い勤王《きんのう》の志士の妹です。加尾も龍馬のことをいろいろと気にかけていたみたいですが、しかしこの人との仲はそれほど膨らまず、彼女もほかの男性と結婚しています。

龍馬は江戸に出て、江戸随一のビッグ道場・千葉道場に入門する。ただ千葉道場は千葉道場でも千葉周作《ちばしゅうさく》の弟の、千葉定吉《さだきち》の道場です。この定吉の娘が千葉佐那《さな》さんなのですが、この人と龍馬の間にもやっぱりロマンスがあったらしい。龍馬は、故郷の乙女《おとめ》お姉さんに手紙を書いていて「非常に武芸の腕が立ち、力も強い」と佐那さんをほめ、そしてここはひどいなと思うのですが、ちゃっかり「顔も加尾よりかわいい」と言っている。そういうことで、定吉先生公認のいい仲だったみたいです。佐那も龍馬に嫁ぐつもりでいたようですが、しかし龍馬は江戸を離れて、とうとう彼女のもとには戻ってこなかった。だけど佐那は龍馬一筋に生き、龍馬との結婚のためにつくった着物をずっと持っていたそうです。甲府にある彼女のお墓を見ると、坂本龍馬の妻と彫られています。

そうした**モテモテ人生の中で、龍馬が見出して結婚したのがお龍さん**。医者の娘で、貧乏なために危うく売られるところだったのを龍馬が助けて、そして彼が懇意にしていた船宿・寺田屋のお登《と》勢《せ》さんに預けた。お龍は、助けられたということもあって、やっぱり龍馬のことが大好き。寺田屋事件では、お風呂に入っていたときにいち早く役人を察知して、**真っ裸で走って龍馬に危機を告げにきてくれた。**そのおかげで龍馬は助かったのですが、このときにピストルを撃ち、捕り手が一人死んでいます。これが後の龍馬暗殺の理由になったという説があります。

　龍馬を斬ったのは見《み》廻《まわり》組。これは新撰組にくらべてわり

と身分の高い、上流武士の子弟で構成された幕府の警察組織です。定説では、この**見廻組が龍馬暗殺を行った**ことになっているのですが、では、なぜ彼らは龍馬を捕縛せず、問答無用でいきなり斬ったのか。その理由として、**「寺田屋事件のときに、身分は低くとも幕府の役人を撃ち殺しているからだ」という説**が、真偽はわからないまま、昔から語られています。

寺田屋事件の後、お龍さんと龍馬は祝言を挙げ、二人で九州の霧島温泉をめぐった。これが**日本初の新婚旅行**として有名ですが、ちなみに龍馬はこのハネムーンの様子も、乙女お姉さんに逐一報告しています。シスコンだったのかな。

ともあれ、二人はラブラブだった。しかし結局、彼女は海援隊の事務所があった下関で、龍馬の死を知る。その後、高知の坂本家に龍馬の嫁として帰りますが、どうも折り合いが悪かったらしく、ほどなくそこを出て、やがて再婚します。しかし明治になってしばらくたって龍馬の業績が見直されると、お龍さんはあくまで坂本龍馬の妻として生き、六十を超えて亡くなっています。かわいそうに、お龍さんと再婚した男はすっかり存在を抹消されてしまいました。

本郷教授の判定！

お龍		静御前
龍馬と日本最初の新婚旅行 ピンチに全裸で駆けつけ 龍馬を救う	優	当時、第一級の舞姫 頼朝に逆らってでも 義経への愛を貫いた
周囲や義実家との折り合いが よくないコミュ障の気 龍馬亡き後もプライドは高め	劣	最愛の義経が 最期に選んだのは他の女性 子どもを亡きものにされてしまった

どっちかな？

僕なんかはどっちかというと、お龍さんとちゃんと結婚生活を送っていたのに、その後まったく無視されることになった再婚相手の男のせつなさになんとなく同情してしまうところがあります。自分の人生もおそらくそっちだろう。そういう気がいたします。あ、勝敗は……どっちかな。どっちでもいいや。

夫の浮気、容認するか、厳禁するか

其の伍

北条政子
ジェラシー炸裂の鎌倉夫人

糟糠の妻 対決

北政所
豊臣政権を支えた肝っ玉母さん

北条政子《ほうじょうまさこ》は、源頼朝を支えた奥さんとして有名ですね。頼朝がこっそり愛人を囲ったときに、**部下に命じて愛人の家をぶっ壊した猛烈な女性**としても知られています。

彼女は伊豆の豪族・北条氏の娘。豪族といっても、当時の北条の家はそれほど大きくなく、彼女自身も農作業をやっていたかもしれないくらい、土の匂いのする人だったはずです。

生年もはっきりしていないのですが、頼朝と結ばれたころすでに、年齢高めであったことは確からしい。本当のところ頼朝は、適齢期の妹のほうに告ろうとしていたのに、伝令役となった安達藤《あだちとう》九郎《くろう》盛長《もりなが》が勝手に「姉殿のほうがふさわしいで候」と気をきかせて、政子にラブレターを届けてしまった話は有名です。

頼朝にしてみれば、伊豆の豪族と縁を結ぶことで後ろ盾がほしい、という計算はあったでしょう。しかし当時の情勢は「平家にあらずんば人にあらず」。流人頼朝との交際を、お父さんの北条時政《ときまさ》は大反対。政子は、山木《やまき》判官《はんがん》兼隆《かねたか》という、平家一門の男に嫁入りさせられることになるのですが、**婚礼当日、嵐の中を走って頼朝のもとに逃げてしまう**。ちなみにこの山木判官は、後に頼朝が挙兵したとき、真っ先に血祭りにあげられてしまいます。頼朝も腹の底に思うところがあったんでしょうか……しかし山木にしてみれば逃げられるわ殺されるわ、踏んだり蹴ったりとはまさにこのこと。

やがて頼朝は鎌倉に政権を確立して、政子は彼の創業をしっかりと支えます。頼朝も、愛人の家をぶっ壊されたりはしますが、政子のことを尊重する姿勢は一貫して変わらなかった。ただ、そこにも頼朝の打算はあったと思います。

平清盛は権力を得て、あまりにも朝廷と深い関係を持ってしまい、武士のリーダーとしてのレゾンデートルを失ってしまった。頼朝は、その姿を見て「自分は京の魔力に囚われてはいけない」と感じたことでしょう。だから**頼朝は、糟糠の妻を決して捨てず大事にした**。そうすることで鎌倉に集う武士たちに対して「自分は政子と家庭を築き、関東に根づいて生きていく」とアピールしたわけです。もし逆に頼朝が政子を捨て、京都のお姫さまを迎えたり、京都の文物にあまりにも深くかぶれてしまったら、どうなるか。それを実際にやってしまったのが彼の息子、三代将軍実朝《さねとも》で、その結果として「こんな人はもう要らない」と、殺されてしまった。その事実を考えると、頼朝は非常に先の見える人だったといえます。

ただ打算だけではなく、やはり感謝の気持ちだってあったことでしょう。頼朝は流人でした。婚活対象としては、魅力ゼロ。収入のないニートも同然です。そんな自分を選んでくれた政子に対して感謝の気持ちを、終生忘れなかったんだと思います。

政子も、彼との関係を公私ともに大事に大事に生きた。しかし悲しいことになんとも微妙なのが、頼朝亡き後、政争の中で息子の頼家《よりいえ》と実朝を相次いで暗殺され、二人とも失ってしまった彼女の人生への評価です。

「私」を捨てて、夫とともにつくった鎌倉幕府を守り抜いた立派な女性だ

と評価する人もいる。その一方で**実父の北条時政、弟の義時《よしとき》の陰謀に翻弄されてしまった愚かな女**と言う人もいる。

だけど僕は、**彼女が非常に聡明な人間だったことは間違いない**と思う。実際問題として頼朝の没後、彼女が御家人たちの尊敬を集め、そして次男の三代将軍実朝が亡くなった後、事実上の将軍として機能していたことは、今では定説になっています。

夫とともにつくったものを守るための政権争いで息子を失ってしまった。しかし、その悲劇

に負けず、自分の役割を全うした。そんなすごい人だったと思います。

対するは豊臣秀吉の奥さん、**北政所**《きたのまんどころ》。彼女はぎりぎり侍身分というぐらいの下級武士の家の出身です。この人の名前は「おね」とも「ねね」とも呼ばれますが、実際は、当時女性によくあった一文字名で「ね」だったのでしょう。

この人もまた**豊臣秀吉の創業を支えた非常に優秀な女性**でした。長浜《ながはま》城主時代、各地を何年も転戦していた秀吉に代わって、実質的に城主であったのはおねさん。政治眼もあれば、経済も回せるし、加藤清正《かとうきよまさ》や福島正則、石田三成など後の豊臣政権を担っていく人材は、みんなこの人の下で育てられた。**彼女はまさに「豊臣政権のおっかさん」**でした。

私生活面では、嫉妬深いというイメージは全然ない。だけど秀吉の女遊びがあまりにひどいので、さすがに信長にぐちを言いにいったことがある。その後、信長が彼女に書いた手紙が残っています。

その文中で信長は「久しぶりに会ってみたら、おまえは十倍も二十倍も美しくなっていた。そんな素晴らしい女性に、あのハゲねずみは二度と会うことができないだろう。それ

なのに浮気をするなんてとんでもない」と、おねのために怒ってあげています。その一方でちょっと秀吉の肩も持って「間違いなく秀吉の正妻なのだから、嫉妬なんかせず正々堂々として、秀吉をしっかりと補佐するように」とも言っている。

僕が驚くのは、**信長が彼女の人格を尊重する言い方をしているところ**です。当時は世襲制の強い時代。出世した人の奥さんは、いい家柄のところからもらうのが当たり前。しかし信長は、家柄は低いけどおねさんの「能力」を評価している。それだけ「おねさんがいるからこそ今の秀吉がいる」と、当時すでにみんなが理解していたということでもあるでしょう。

信長の死後、秀吉は天下人へ上り詰めていく。だけど貴公子だった頼朝と違って、秀吉はコンプレックスのかたまり。そんでもって彼は「身分の高い女性萌え」で、お姫さまにしか反応しないところがあります。何度か触れましたが、特に業が深いなと思うのは、彼にとって最高の萌え対象は、信長の血縁なんですね。自分の子どもを生んだ淀殿はご存じのように信長の姪。それに三《さん》の丸《まる》殿と呼ばれる、モロに信長の娘も側室にしています。

そんな感じで高貴なお姫さまをいっぱいはべらせて、豊臣家はハーレムみたいな形になっていたわけですが、北政所は気おくれしている風が全然ない。それだけ**「自分と秀吉が二人三脚でこの家をつくってきたんだ」**という自信がしっかりあったのでしょう。

ただ不幸なことに、彼女は子どもを生むことができなかった。結局、そのために愛人ポジションの淀殿に豊臣家の主導権を奪われ、秀吉の死後、大坂城を追い出されるように出ていく。そして結局、彼女は秀吉とつくりあげた豊臣家の滅びを見ることになる。それはつらかったろうと思います。しかし「亭主がよそでつくった子だし、それもいささか怪しいし」ということで案外、爽快感もあったかもしれません。

本郷教授の判定！

北政所		北条政子
下級武士の秀吉と結婚、創業を支える 領地経営、人材育成など功績多し 自己肯定感がしっかり高かった	優	流人・頼朝を愛し、彼を支える 尼将軍として侍たちに尊敬される 実家北条氏は幕府の実権を掌握
秀吉の子を生むことができなかった 子を成した愛人に家を追い出される 豊臣家の滅亡を見ることになる	劣	浮気を絶対許さず夫は肩身の狭い思い 夫の不倫相手の家を破壊。政治問題に 血を分けた子を失う運命に

北条政子は子を失って鎌倉幕府を残し、北政所は豊臣家の滅亡を見る。真逆の結果になりますけど、自分の人生を十分やりきったという感は、二人とも確実にあったと思います。

引き分け

賢く強く。才能豊かなワンオペ育児の祖

其の陸

夫に惚れ、支え、抜き去り、大活躍

与謝野晶子

子だくさん

対決

お松の方

加賀百万石の賢夫人は金沢の星

与謝野晶子《よさのあきこ》の夫というのが与謝野鉄幹《てっかん》。ぶっちゃけ、この人は、**クズの中のクズ**です。

地元、山口で学校の先生をするのですが、10代のときに教え子に手をつける。それが問題になって故郷を去り、東京に出てきた。東京で歌が認められ、彼は一躍文壇で有名になる。で、生活を安定させるためにまた先生

をやるんですけど、よせばいいのに女学校に勤めにいくんです。すでに二回目の結婚をしていたのですが、『源氏物語』の講義をすると、鉄幹のまわりに女生徒が山ほど集まる。それを「百合の君」であるとか「桜の君」であるとか、まるで自分が光源氏だと言わんばかりに、ひとりひとりに名前をつけていくんですよ。正直、イタイ感じですね。そして全然イケメンじゃないのですが、とにかくモテモテであったわけです。

やがて彼は講演のために大阪へ行き、そこで運命の人・晶子と出会う。彼女は堺の老舗のお菓子屋のお嬢さんで、子どものころから文学に親しみ、古典にも非常に造詣が深い女性でした。その晶子は、鉄幹と出会ったその日のうちに結ばれたという話があります。情熱の人なんでしょうね。

その後、鉄幹とともに晶子は東京に出る。しかし有名な文壇人である鉄幹だったけど、その不倫を咎める人もいたわけですね。それに対して晶子が上から目線で反論した「**柔肌の熱き血潮に触れもみで寂しからずや道を説く君**」という歌が非常に有名になります。晶子は「**柔肌の晶子**」などと呼ばれ、最終的には鉄幹と首尾よく結婚するのですが、その陰で何人もの女の人が泣いていたことでしょう。

ここからがすごいのですが、結婚して与謝野晶子になった彼女は、次から次に子どもを生む。1人は亡くなるのですが、10人ものお子さんをしっかり育てあげます。もともと美しい歌人だったはずが、いつのまにか**肝っ玉母さん**になっていたという感じです。

しかも晶子は、いわゆるさげまんの代表みたいな女性で、彼女と結婚してから、あの鉄幹が、創作の泉が枯渇したというか、パワーをぜんぶ奥さんに吸い尽くされたかのようにすっかり低空飛行になる。パリに行ってちょっと上向いたかな、と思っても、また墜落する。そんな感じで結婚後の鉄幹は、ほとんどロクな仕事をしないで亡くなります。

晶子のほうは、ただのダメ男になり果てた夫を食わせ、子どもも育て、作品も発表。八面六臂の活躍をする。有名な歌ですが、日露戦争のときには「君死にたまふことなかれ」と詠んだ。明治天皇は「お前は戦争に行け」というけど、自分は戦争に行かないんだから君も死ぬな、という内容です。「よくもまあ、あの時代にそんなすごい歌を詠んだな」と思います。

さらに「おっかないなぁ」と感じるのは、太平洋戦争になったときは、海軍の将校だった息子のために、**「水軍の大尉となりてわが四郎み軍《いくさ》にゆくたけく戦へ」**と詠んでいるんですね。日露戦争のときと「あれ？　ちょっとスタンス違うんじゃね？」と思うのですが、そんな突っ込みなんかではびくともしない強さが彼女にはある。

母なる大地の力の象徴として「大地母神」という概念がありますが、彼女は、そうい

う人じゃないかと思います。**おっかないけど、頼りがいのある肝っ玉母さん。**与謝野晶子さんは、そんな人だったに違いない。

一方、前田利家の正室・**お松《まつ》の方**。この人も11人のお子さんを生んでいらっしゃいます。ただ、男の子は2人だけだった。

利家は、彼女にとって母方のいとこ。お松は母親とともに前田の家に居候していて、利家と結婚した当時はなんとまだ11歳。最初の子を妊娠したのが12歳ですから、今だったら完全にアウトですね。

利家は非常に背の高いイケメンだったのですが、傾奇者《かぶき》でもあった。しかも織田信長とは「男と男の関係」で、信長の彼氏の妻がお松さんだったということになります。

しかし利家は、織田家を追い出される。信長のかわいがっていた茶坊主を斬り捨ててしまったからなのですが、その理由はよくわからない。もしかすると男同士の恋愛のこじれだったのかもしれないね。そうして**浪人してしまった利家をしっかりと支えたのがお松さん**でした。

後に織田家に帰参した利家は、木下藤吉郎《きのしたとうきちろう》と親しくなる。お松と藤吉郎の妻・おねもご近所さんとして、味噌の貸し借りをした仲だったといわれています。

その藤吉郎が天下を取って豊臣秀吉となるわけですが、豊臣政権では利家だけでなくお松も非常に重んじられた。亡くなる少し前に秀吉は「醍醐《だいご》の花見」というビッグイベントを開催するのですが、そのときの女性陣の席次の一番が北政所で、これは当然。問題は二番で、これを巡って淀殿と側室ナンバー1美人の松《まつ》の丸《まる》殿が争った。それを収めたのがお松だったそうです。やっぱり彼女は分別があって、落ち着いた女性だったのでしょうね。お松の席次は六番目で、豊臣大名の奥さんとして別格でした。

その後、秀吉は亡くなり、夫の利家も亡くなって、彼女の息子・利長が家を継ぐ。そして関ヶ原前夜、家康が「謀反の動きあり」ということで前田家を攻めようとする。そのときお松は「豊臣時代は終わった。これからは徳川の時代だから、あなたは家康さまに逆らっちゃダメ」と利長に告げ、**全国の大名に先駆ける人質第一号**として、自ら江戸に行った。お松が人質になったおかげで前田の謀反の疑いは解けます。彼女は

自分の体を張って、前田家を守ったわけです。

そんなお松さんにとっては、つらかっただろうな、と思うのは、おちょぼの項で触れたように、長男・利長には子どもができず、次男・利政《としまさ》は関ヶ原で西軍につき浪人。結局、家を継いだのは、おちょぼの子・利常。その利常は、徳川秀忠の次女・珠姫を正室に迎え、前田家は徳川の親戚となり、江戸時代を通じて大事にされることになる。

しかしそれは表向きで、やっぱり徳川は大藩前田を警戒するわけで、お松の方の人質生活は続き、金沢に帰ることはできなかった。その間、彼女が書いた「息子の利長に会いたい」という手紙がたくさん残っています。しかし結局、利長が死ぬまでついに帰ることはなかった。

体を張って前田家を守ったものの、息子の死に目にも会えなかった。そうしためぐり合わせでは、不運な人でした。ただ、金沢には娘たちがいて、ようやく帰ってきたお母さんを助けてくれたと思います。そうして穏やかで幸せな晩年が彼女にあったのなら、よかったなあと思いますね。

本郷教授の判定！

お松の方		与謝野晶子
利家を支えた賢い正妻 優れた政治センスで前田家を導く	優	「柔肌の晶子」と呼ばれた 歌壇の革命家 たくさんの子どもを逞しく育て上げる
側室が跡継ぎを生み地位低下 人質生活のため息子の 死に目にも会えず	劣	夫の鉄幹は教え子に手をつけたり 女癖が最悪だった 反戦なのか戦争賛美なのかよくわからん

この対決、最後に変節した晶子より、最後に金沢に帰ることができたお松の方の勝ちにしてあげたいですね。お疲れさまでした！

お松の勝ち！

究極の愛の形？　重すぎる純愛の事件簿

其の漆

八百屋お七

ハートに火がつくと家も燃やしちゃいます

愛の重さ　対決

阿部定

愛する人を独り占めして何がいけないの？

八百屋《やおや》お七《しち》もまた、物語の中で語り継がれてきた女性です。

　よく語られる設定は、本郷の八百屋の娘で、名はお七さん。彼女の家が大火に巻き込まれ、避難したのが吉祥寺《きちじょうじ》。この吉祥寺、東京は武蔵野《むさしの》市の吉祥寺ではなく、本郷通りの、榎本武揚《えのもとたけあき》のお墓がある吉祥寺、と思いきや、これでもなくて、違うお寺さんだったらしいですね。とにかくこのお寺で仮住まいをしていたら、その寺の小姓に吉三《きちざ》という、たいそうなイケメンがいた。小説では「生田庄之助《いくたしょうのすけ》」といわれたりするのですが、このイケメンの名前もまたよくわからない。

とにかく**お七さんは、そのイケメン小姓に恋い焦がれた**。しかし、そのうちに自分の家が無事に建て直されて、帰ることになる。それだともう、イケメンと会えなくなってしまう！　どうしたらいいんだろう？　……と迷ったお七は、ここは頭が単純といわれてもしようがないのですが、**「じゃあ、火事になったらまた、あの方に会える」**ということで、自分の家に火をつけてしまいます。

当時の江戸は、火事がいちばん怖い。日本の場合、家屋がみんな木材ですから、火事になるとたくさんの人が死ぬのです。有名な「明暦《めいれき》の大火」なんかでは10万人ぐらいの人が亡くなったといわれていますから、当時、火つけはもう一発でアウト。極刑に処せられて当たり前の罪でした。

幸い、お七のつけた火はわりと簡単に消しとめられたみたいですけど、まだ娘だったにもかかわらず、**かわいそうに処刑されてしまう**。

この話を当時の売れっ子、井原西鶴《いはらさいかく》が小説に書いたものですから、江戸っ子たちの間にいっぺんに広まった。その後、実際に研究者が調べたところ、どうもそれっぽい事件はあったようです。だから、お七さんに当たる人は実際にいたらしいとまでは、わかっている。事件当時、まだ15~6歳だったと思います。しかしどういう人だったかまではわからない。

今でも彼女の物語は、ドラマになったりしています。恋は盲目とはいいますけど、まだ少女の身で、こんなだいそれたことをやってしまった。それを考えると、ギャルでもなんでも、今の女の子のほうが健全なのかもしれないですね。さすがにイケメンに会うために、火をつける女の子はいないだろうから。いないよね。

一方の**阿部定**《あべさだ》さんは、もちろん実在の人物。波瀾万丈の人生を送った人です。生まれは千代田区神田。家はずっと続いてきた裕福な畳屋さん。お母さんが年をとってから生まれた末っ子で、**近所でも評判の美少女**でした。だからかな、すごく甘やかされて育ったそうです。だけど本当に気の毒なのは、満でいうと14歳のときに強姦されてしまう。その悲しい過去があるために、彼女は不良少女になってしまった。浅草に繰り出したり、居酒屋に入り浸ったりして、不良仲間とただれた日々を送っていたそうです。

そのうえやがて実家の商売が傾き、定は父や家族に勧められて芸妓になります。お前はもうまともな結婚はできないのだから、ということだったのでしょうか。ひどい時代ですね。このときに秋葉《あきば》という女衒に売られたのですが、彼女はこの男と後々まで縁が深く

なる。秋葉は兄の妻の縁者なのですが、**定と男女の関係になり、さらにはお決まりのヒモに。**定は芸妓をしながら、彼を4年間ぐらい養っていたそうです。しかしやがてもっと手っ取り早く稼げないかということになって、高級遊郭と契約するんです。秋葉が間に入り、ひどいことにお父さんが娘を売り飛ばしたということになるのですが、契約の前借り金は2800円(国家公務員の初任給が約75円だった時代)だったそうです。

その後、どんどんお店のレベルは下がりつつ、定はいろんな土地を渡り、最終的に丹波篠山《たんばささやま》の遊郭・大正楼に行き着く。しかしそこも逃げ出して遊女としての仕事は一応やめ、神戸に出て、カフェの女給をしていたのですが、やっぱり愛人になったり、体を売ったり。ニンフォマニアということでしょうか。**「男がいないとどうにもならない」と、病院に相談した**こともあったようです。そのころにお母さん、お父さんを失っている。

転機が訪れたのは昭和10年。定は、中京商業学校の校長先生で、名古屋の市会議員でもあった大宮五郎《おおみやごろう》と知り合います。彼は定に「娼婦や妾奉公のような生業は、人間の道に外れている！」と説教するのですが、実はこの人も、彼女とすることはしているんですね。今でも風俗店に行って、こんな仕事してはいかん！　と説教を始めるおやじがいるそうですが（僕じゃないよ）、もろにそのタイプです。

しかし「真面目な商売につけ」といわれた定は東京・中野の吉田屋という料亭で働きはじめる。そこの経営者の石田吉蔵《いしだきちぞう》さんと知り合い、またかという感じですけど、不倫関係になる。これがバレて二人は出奔するのですが、逃亡資金は大宮さんに用立ててもらってる。ちなみに、この人は事件に深くかかわってしまったものですから、後々校長をやめて隠居生活を送ることになります。

それで昭和11年、定は尾久の待合旅館、今でいうラブホテルでしょうか。そこで石田吉蔵さんを殺害してしまう。ただ、定は別に石田さんを殺したくて殺したわけじゃなかったらしい。世の中には「窒息プレー」なるものがあって、行為のプロセスの中で、相手に首を絞められると気持ちよくなる人がいるそうなんです。いやー、僕にはわからないなー。二人はこれをやってたところ、何かの拍子に絞め過ぎて、石田さんは気持ちよくあの世に逝ってしまったらしい。

定は、現場から逃げる。**残された遺体の左太ももには、血で「定吉二人キリ」と書かれ、左腕には「定」**と刻まれていた。しかも性器が根元から切り取られていた。逮捕されるまで三日間あったのですが、定はその間ずっと石田の下着を身

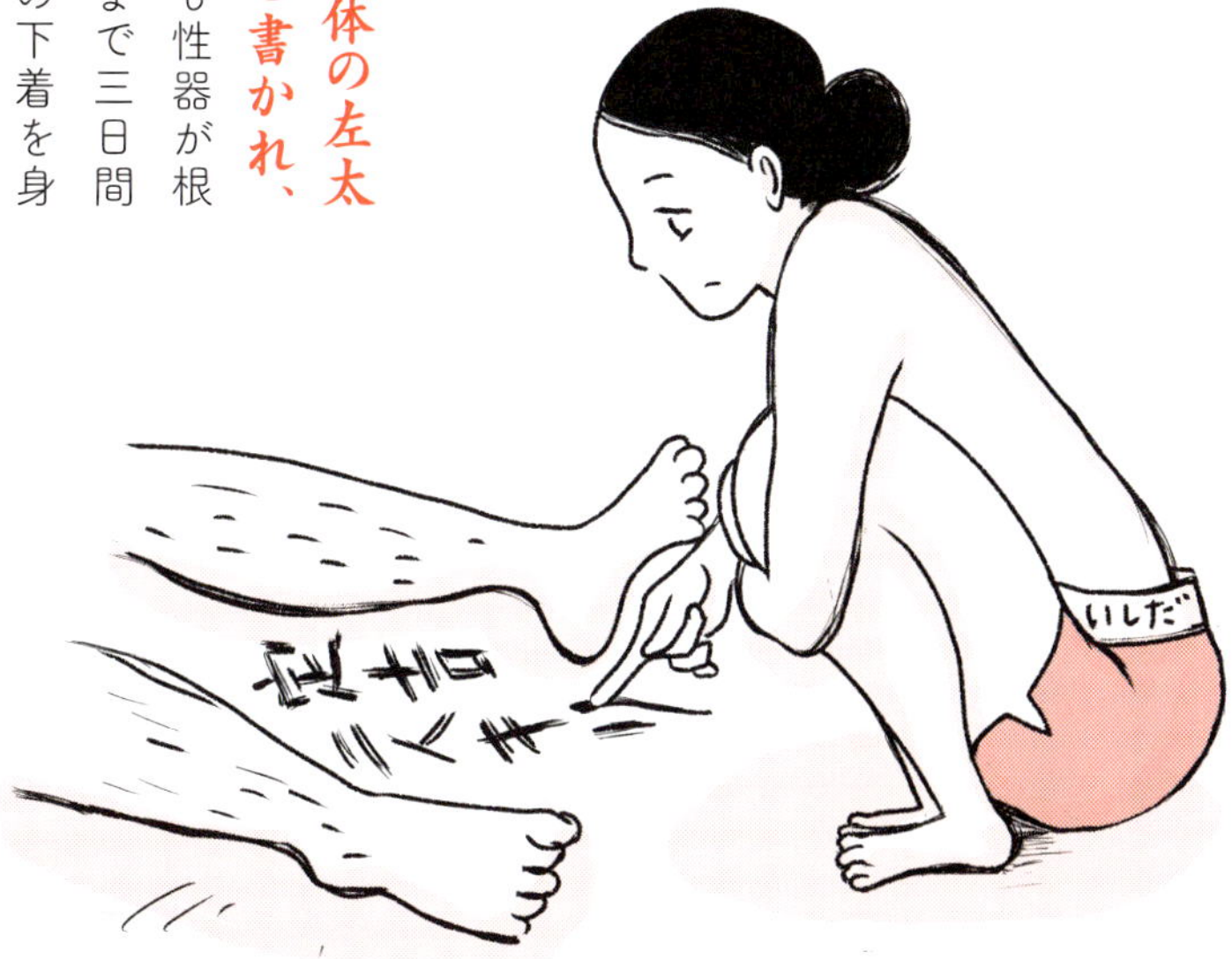

につけ、切り取った陰茎と睾丸を持ち歩いていたそうです。このへんはちょっと、猟奇的な感じがしますね。

彼女の事件は**「昭和11年の三大事件」のひとつ**に数えられるほど、大変な話題になりました。ちなみにほか2件は、「上野動物園黒ヒョウ脱走事件」と「二・二六事件」です。二・二六事件も、黒ヒョウ脱走や阿部定事件と横並びにされたら、たまったもんじゃないよね。

逮捕された後、彼女は**「彼を非常に愛していた、彼のすべてが欲しかった」**と供述したのですが、それで石田が「日本人のサイズ感ではなかった」というデマが流れた。彼女はそのデマに、「彼はちょうど平均だったが、テクニックと奉仕的な愛撫がよかった」的なことを答えています。いや、もう、なんだかね。

裁判は、検察側の求刑が10年、判決は懲役6年だった。明治の高橋お伝は死刑になってしまいましたけど、時代も昭和11年になると、それで済んだ。彼女は刑期を終えたあとサラリーマンの男性と事実婚をしたりしたのですが、それも破局。こうなってもまだつながりがあった例の秋葉が保護者となって、見世物一座の興行に登場したりしていたそうです。しかしやがて消息が途絶える。彼女がどういう亡くなり方をしたのか不明ですが、たぶん天寿を全うしたのだろうといわれています。

本郷教授の判定！

阿部定		八百屋お七
小説、映画など彼女の物語は今なお語り継がれる境遇に同情されるべき点あり	優	井原西鶴にインスピレーションを与え小説化される！現代でもドラマ化される
晩年まで世間の好奇心の的になってしまったちょっと愛が重すぎたか	劣	火つけは重罪で死刑になってしまう恋は盲目すぎた

この二人の場合、あまりにも波瀾万丈でもあるし、その後、事件をモチーフにした舞台にご本人も出演したしで、定の勝ちということになるでしょうね。品のいい、きれいな方でした。

定の勝ち！

本郷教授のアッパレ豆知識

二人……どころか三人の皇子に愛された？ 〜後深草院二条

２人の皇子に愛された「額田王 VS 和泉式部」のお話もしましたけど、この後深草院二条《ごふかくさいんにじょう》さんの恋愛は、それ以上にドラマチックなんです。

鎌倉時代の中期に後深草天皇という方がいて、その人がいちばん最初に女性を知ったというのが自分の乳母に当たる方だったんですね。当時、こうした乳母が皇子を育てるという流れの中で、女性の手ほどきをするということもあったみたいですね。

で、この後深草天皇は、自分のいちばん最初の女性だった乳母の面影を彼女の娘である二条さんに見出して、二条さんを愛するわけです。この二条さんが後深草院二条、つまり後深草天皇に仕えた二条さんと、そういう名前になるわけですね。一条とか二条とか、当時の都の大通りの名前をつけられる女性というのはとても格が高い。そういうことからも、この**二条さんは後深草天皇の寵愛を非常に受けた**ということになる。

ところが身分の高い人たちのそういう観念というのは、僕ら下々にはなかなかわからないものがあるんですけど、やがて後深草天皇は位を譲った弟の亀山《かめやま》天皇からあるとき、「兄ちゃんのところにいる二条さんというのはなかなかいいね。僕もちょっと、彼女と一夜をともにしてみたいな」と言われ、「わかった。じゃあ、手引きをしよう」と二条さんと亀山天皇の間を取り持つんです。

それだけでもなかなか男としては萌えるものがあるんですが、そうこうしているうちにもうひとりの兄弟、性助法親王《しょうじょほっしんのう》という、いかにもすぎる名前の法親王が「僕もちょっと参加したいんだけど、どうだろうか」ということで、後深草天皇はこれもまたちゃんと二条さんに取り持つ。だから、**二人の皇子どころか、三人の皇子、もっと言うなら二人の天皇を手玉にとった女**ということになるんです。しかも、当時の朝廷貴族の中でいちばん政治的な力を持っていた西園寺実兼《さいおんじさねかね》という男がいるんですが、これも二条さんにほれ込みまして、二条さんはその人との間にも愛を育む。結局、そうこうしているうちに二条さんのおなかが大きくなるんですけれども、父親が全くわからない。この人は一体誰の子なんだろうと。そのあたり、二条さんは『とはずがたり』として日記に残しています。

当時はそういう女性もいたんですよ。それぐらい昔の日本の偉い人たちの間では恋愛というのは非常におおらかだった、という話です。だから、あんまりギスギスしていなかったんじゃないかな。いい時代でした。

おわりに

歴史は人間が紡ぐもの。男性と女性が織りなすもの。ですから、学校で教える女性なしの歴史なんて、本来はあり得ないんです。

しかもここは日本。日本の文化の粋といえば和歌であり、その最大のテーマは「恋」。日本人は男女の情感の機微に着目し、美しい自然の中での心の通い合いを重んじ、時に激しく時におおらかに、恋を語ってきたのです。その集大成が、世界的な評価を受ける伝統的で豊かな日本文化です。となれば、私たちの国ではとくに、女性の活躍を描写してはじめて、本当の歴史を名乗ることができるのです。

今回、僕たちは歴史上の女性をリアルに伝えるべく、チームを編成しました。まずはノリにノっている美人マンガ家、まんきつ先生。彼女のすごい絵は文章すべてのテイストを一つの画に凝縮します。文章を書くのは作家で編集者でもある堀田純司さん。僕は彼ほど優しい大人の男を知りません。全体の構成は僕、へなちょこ歴史研究者の本郷が担当するとして、司令塔が集英社の志沢直子さん。頭が良くて仕事ができて、しかも麗しい。美魔女です。志沢さんに会えなくなるので、仕事が終わっちゃうのが惜しい（笑）。

この本は僕たちチームのメンバーが先ず楽しんで作りました。たいへんだったけど、とても楽しかった。その感じを読者の皆さんにそのままお伝えしたい。皆さんが少しでも面白く思ってくだされば、日本史に興味を持ってくだされば、これに過ぎる喜びはありません。

読んでいただいて、ありがとうございました。

２０１９年７月

本郷和人

本郷和人（ほんごう・かずと）

1960年東京都生まれ。東京大学史料編纂所教授。

東京大学・同大学院にて石井進氏、五味文彦氏に師事し、日本中世史を学ぶ。著書に『新・中世王権論』『日本史のツボ』『承久の乱 日本史のターニングポイント』（すべて文藝春秋）、『戦いの日本史』『世渡りの日本史 苛烈なビジネスシーンでこそ役立つ「生き残り」戦略』（ともにKADOKAWA）、監修に『やばい日本史』（ダイヤモンド社）など多数。

ドラマや漫画、アニメの時代考証にも携わり、識者としてはもちろん、日本史をわかりやすくおもしろく解説してくれる第一人者としても、各方面から引っ張りだこの存在。

まんきつ

1975年埼玉県生まれ。漫画家。

2012年開始のブログ『まんしゅうきつこのオリモノわんだーらんど』で注目され、2015年に初の単行本『アル中ワンダーランド』（扶桑社）を刊行。以降、『まんしゅう家の憂鬱』（集英社）、『湯遊ワンダーランド』（扶桑社）など、独特の視点と描写によるコミックエッセイ、ルポ漫画が評判となる。ウェブメディア「ウーマンタイプ」にて『自分いじめはもう卒業！　漫画家まんきつの人生満喫』を連載中。

2019年2月にペンネームを「まんしゅうきつこ」から「まんきつ」に改名。

堀田純司（ほった・じゅんじ）

大阪府生まれ。作家。

上智大学文学部ドイツ文学科卒業。在学時より編集者として働きはじめ、後に自身の著作を上梓するようになる。主な著書に『僕とツンデレとハイデガー』『オッサンフォー』（ともに講談社）などがある。編集者としては、『生協の白石さん』（講談社）『ガンダムUC証言集』（KADOKAWA）などの書籍を企画、編集している。

装丁・デザイン　矢野知子
イラスト　まんきつ
構成・文　堀田純司
校正　加藤　優
編集　志沢直子（集英社）

東大教授《とうだいきょうじゅ》も惚《ほ》れる!　日本史《にほんし》　アッパレな女《おんな》たち

2019年7月31日　第1刷発行

監修者　本郷和人《ほんごうかずと》
発行者　茨木政彦
発行所　株式会社　集英社
〒101-8050　東京都千代田区一ツ橋2-5-10
電話　編集部　03-3230-6143
読者係　03-3230-6080
販売部　03-3230-6393（書店専用）
印刷所　中央精版印刷株式会社
製本所　加藤製本株式会社

定価はカバーに表示してあります。

ISBN978-4-08-788017-5 C0021